Kulturelle Diversität
in der Öffentlichen Verwaltu

AF271870

Wolf Rainer Leenen, Andreas Groß,
Harald Grosch, Alexander Scheitza

Kulturelle Diversität in der Öffentlichen Verwaltung

Konzeptionelle Grundsatzfragen,
Strategien und praktische Lösungen
am Beispiel der Polizei

Waxmann 2014
Münster • New York

Gefördert aus den Mitteln des Bundesprogramms
„XENOS – Integration und Vielfalt"

Bibliografische Informationen der Deutschen Nationalbibliothek
Die Deutsche Nationalbibliothek verzeichnet diese Publikation in der Deutschen
Nationalbibliografie; detaillierte bibliografische Daten sind im Internet über
http://dnb.d-nb.de abrufbar

Print-ISBN 978-3-8309-3207-9
E-Book-ISBN 978-3-8309-8207-4

© Waxmann Verlag GmbH, 2014
Steinfurter Str. 555, 48159 Münster

www.waxmann.com
info@waxmann.com

Umschlaggestaltung: Pleßmann Kommunikationsdesign, Ascheberg
Gedruckt auf alterungsbeständigem Papier, säurefrei gemäß ISO 9706

Printed in Germany

Inhalt

6

Abbildungen

1 Vorwort

Deutschland ist – was Multikulturalitäts- und Diversitätsfragen angeht – eine „verspätete Republik". Obwohl über Jahrzehnte hinweg in drei Wellen – von der Arbeitsmigration der fünfziger und sechziger Jahre, der Flüchtlings- und Asylbewerberzuwanderung der siebziger und achtziger bis hin zur Zuwanderung der Aussiedler in den achtziger und neunziger Jahren des vorigen Jahrhunderts – in quantitativ erheblichem Maßstab Zuwanderung erfolgte, hat die Republik bis zur Jahrtausendwende keine strategisch weitsichtige und alle Gesellschaftsbereiche einbeziehende Migrations- und Integrationspolitik entwickelt, sondern lediglich kurzfristig auf die jeweiligen Umstände (Arbeitskräftebedarf, Zuwanderungsdruck) reagiert. Die Einseitigkeit der Zuwanderung auf der einen Seite (es sind bis in die siebziger Jahre vor allem wenig qualifizierte Arbeitskräfte und eher bildungsferne Familien eingewandert) und die politisch etwas störrische Weigerung auf der anderen Seite, den Status eines „Einwanderungslandes" zu akzeptieren, hat integrationspolitisch eine prekäre Stagnation verursacht. Erst mit der Staatsbürgerschaftsreform aus dem Jahr 1998 und dem Zuwanderungsgesetz aus dem Jahr 2005 sind erste ernst zu nehmende Schritte für eine zukunftsweisende Migrations- und Integrationspolitik erfolgt. Die Folgen dieses jahrzehntelangen integrationspolitischen Stillstands sind trotz gewisser Erfolge in der Bildungs- und Arbeitsmarktpolitik der letzten Jahre immer noch unübersehbar. Bestimmte Berufe von zentraler integrativer Bedeutung (wie z.B. das Schul- und Hochschulpersonal) sowie der gesamte staatsnahe Beschäftigungsbereich (das politische System im engeren Sinn, die Sicherheitskräfte oder die staatliche Leistungs- und Eingriffsverwaltung) sind im Gegensatz zu einer allgemeinen gesellschaftlichen Tendenz der „Multikulturalisierung" vergleichsweise kulturhomogen geblieben (vgl. Hönekopp 2007: 5).

Die in allen Bundesländern in den letzten Jahren heftig aufflammende Diskussion über eine Interkulturelle Öffnung oder „Interkulturelle Ausrichtung" (Barbara John) der öffentlichen Verwaltung ist ein Zeichen dieses Nachholbedarfs. Den Nachholbedarf zu konstatieren und fehlende kulturelle Diversität anzuprangern, ist allerdings vergleichsweise einfach; politisch und organisationsstrategisch überzeugende Konzepte dazu anbieten zu können, ist bei Weitem komplizierter.

Der Gedanke liegt nahe, solche Konzepte in Ländern wie Kanada, den USA oder den Niederlanden zu suchen, die sehr viel früher politisch auf Zuwanderungsfragen reagiert und daraufhin unterschiedliche Diversitätsstrategien entwickelt haben. Bei näherer Betrachtung erweist sich aber die Idee einer einfachen Übertragbarkeit solcher Ansätze als Wunschvorstellung: Die politischen Problemanalysen und daraus abgeleiteten Lösungswege sind durch ein hohes Maß an „Situiertheit" charakterisiert. Das betrifft zum einen die rechtlichen und politisch-strukturellen Rahmenbedingungen sowie den Hintergrund der Geschichte und politischen Kultur eines Landes. Es betrifft zum anderen aber auch den Zuschnitt der Problemdefinitionen selbst sowie die konzeptionellen Grundbegriffe, auf denen sie beruhen (z.B. „Kultur", „race" oder „Diversität"). Davis hat darauf hingewiesen, dass beispielsweise die Ansätze in Kanada immer auch von modischen Strömungen beeinflusst waren, und nennt dazu die politischen Leitbegriffe „multiculturalism", „race relations", „antiracism" und „diversity management", die bestimmte historische Phasen des Umgangs mit der Fragestellung prägten (vgl. Davis 2002). Man muss also festhalten, dass die unter solchen Bedingungen entwickelten Lösungsansätze häufig nicht nur unterschiedlich, sondern geradezu inkommensurabel sind und damit die Grundlage für eine vergleichende Bewertung und Auswahlentscheidung entfällt. Und unterschiedlich sind schließlich auch die Organisationen, die mit solchen Lösungsansätzen konfrontiert werden.

Schaut man sich die Herausforderung, die ein kompetenter Umgang mit Diversität als sozialem Innovationsprojekt (Howaldt & Schwarz 2010) für unterschiedliche Organisationen darstellt, genauer an, dann zeigt sich, dass von ihnen nicht nur äußerlich Anpassungsleistungen verlangt sind, sondern ihre innere Wandlungsfähigkeit und Veränderungsbereitschaft berührt ist. Ein Mehr an kultureller Diversität erfordert nicht nur Strukturveränderungen, sondern auch einen umfassenden Wandel des Organisationsklimas und des Interaktionsgeschehens in der Organisation. Dabei ist jede Organisation natürlich auf die Mitwirkung ihrer Mitglieder angewiesen. Dies ist der Grund, weshalb schematische Lösungsansätze und allgemeines Handbuchwissen zum Diversity Management in der Praxis nicht so recht weiterhelfen. Organisationen reagieren auf „Lernzumutungen" nicht unähnlich wie lernende Personen: Sie entwickeln Widerstände gegenüber Veränderungen, die sie als nicht nachvollziehbar oder als für sich nicht passend erleben (vgl. Wiendieck 2008; Faulstich 2005). Dieses Problem stellt sich in verschärftem Maße in den Subsystemen der Organisation, in denen bestimmte Organisationsroutinen oder praktizierte Arbeitsansätze durch neue in Frage gestellt werden und sich Mitglieder der Organisation (oder ganze Arbeitseinheiten) in ihrer Funktion bedroht sehen. Diversitätsstrategien, die als von außen oktroyiert und als Missachtung einer gewachsenen Organisationskultur wahrgenommen werden, werden es schwer haben, die erhofften produktiven Effekte zu entfalten.

Welche Herausforderung die Zunahme kultureller Diversität für eine Organisation darstellt, wird nicht zuletzt auch vom Typus der Organisation abhängen. Öffentliche Verwaltungen sind als bürokratische Organisationen klassischerweise an Prinzipien wie Verfahrensmäßigkeit, Neutralität, prozedurale Gerechtigkeit und Gleichbehandlung orientiert (vgl. Armbrüster, Benzhaf & Dingemann 2010: 22ff.), was zumindest in einem spannungsreichen Verhältnis zur Berücksichtigung von Diversitätsgesichtspunkten steht. Dass es hierbei nicht nur um eine unzeitgemäße Starre des „stahlharten Gehäuses" Bürokratie (Max Weber) geht, die es mit Hilfe moderner Managementkonzepte aus der Wirtschaft aufzubrechen gilt, zeigen die Probleme bei der Implementierung von Verwaltungsreformen des New Public Management (NPM): Der Glaube an die universelle Überlegenheit betriebswirtschaftlicher Konzepte hat hier zu einer Reihe gravierender Probleme geführt, weil die Systemlogik öffentlicher Verwaltung unzureichend berücksichtigt wurde (vgl. Armbrüster, Benzhaf & Dingemann 2010; Oechsler 2008). Die bei Beschäftigten in der öffentlichen Verwaltung häufig anzutreffende Skepsis gegenüber „Management-Moden" (Kieser 1996) ist durchaus nicht ohne Berechtigung, was die Akzeptanz von Diversitätsstrategien (die dann eben häufig auch als solche modische Erscheinung verstanden werden) natürlich erschwert. Gleiches gilt für eine politische Programmatik, die die Umsetzungsproblematik ausklammert: Erlasse und Vorgaben, die allein gerechtigkeitspolitischen Vorstellungen Rechnung tragen wollen (etwa Quotierungsrichtlinien für die Einstellung von Migranten und Migrantinnen), fokussieren häufig auf fassbare (und damit gut kommunizierbare) Effekte, ohne dass die damit verbundenen Probleme der Realisierung in der Organisationspraxis mitbedacht werden.

Vorbehalte in Behörden betreffen allerdings nicht nur strukturelle Aspekte, sondern sind auch organisationskultureller Natur: Personal- und Organisationsentwicklungsstrategien laufen leicht ins Leere, wenn sie nicht auf die Besonderheiten der Behördenkultur abgestimmt sind. Der öffentliche Auftrag staatlicher Verwaltungen, ihre gesellschaftliche Positionierung und ihre Entwicklungsgeschichte sind nicht nur von struktureller Bedeutung, sondern prägen auch das „Innenleben" öffentlicher Verwaltungen. Überdies haben auch Behörden bzw.

Behördeneinheiten und die darin arbeitenden Menschen ihre unverwechselbare Geschichte, aus der sich ein organisationskulturelles „Eigenleben" entwickelt hat, das im Hinblick auf die beabsichtigten Wandlungsprozesse zu berücksichtigen ist. Für den Erfolg einer Diversitätsstrategie ist nach den Ergebnissen unseres Projektes die Entwicklung einer *offenen Organisationskultur* von zentraler Bedeutung. Es genügt nicht, dass Diversität als formales Problem „prozedural abgearbeitet" wird; für einen produktiven Umgang der Mitarbeiter/innen untereinander ist es erforderlich, dass kulturelle Vielfalt als Normalität und als mögliche Bereicherung der Organisation gesehen wird.

Die Polizei stellt im Hinblick auf die genannten organisationsstrukturellen und organisationskulturellen Aspekte wiederum einen ganz besonderen Typus von Öffentlicher Verwaltung dar. Schon der Verweis auf die Uniformität der äußeren Erscheinung der Beamtinnen und Beamten in der Öffentlichkeit, auf die Einheitlichkeit ihrer Ausbildung (Einheitslaufbahn) und auf ihre Selbststilisierung als „Gefahrengemeinschaft" macht deutlich, dass sich zwischen den traditionellen Vorstellungen von Gleichheit und Gleichbehandlung in der Organisation und neueren Diversitätsüberlegungen ein Spannungsfeld auftut, das es zu berücksichtigen gilt. Für die Organisation Polizei stellen sich Chancen und Risiken kultureller Diversität anders dar als beispielsweise für den Hochschulbereich. Entwicklungsstrategien müssen solche Besonderheiten aufgreifen, wenn sie nicht schon im Ansatz scheitern sollen.

Dies ist die Ausgangslage bzw. der konzeptionelle Hintergrund für das Projekt „Interkulturelle Qualifizierung und Förderung kultureller Diversität in der Polizei NRW", das im Rahmen der XENOS-Programmlinie mit Mitteln des Europäischen Sozialfonds und des Bundesministeriums für Arbeit und Soziales gefördert wurde. In Kooperation mit dem Landesamt für Ausbildung, Fortbildung und Personalangelegenheiten der Polizei NRW sollte dabei in einem gemeinsamen Lern- und Erfahrungsprozess eine feldadäquate Entwicklungsstrategie entworfen und erprobt werden.

Die Erfahrungen und Ergebnisse dieses Projekts werden im Folgenden dokumentiert. Dabei werden zunächst die konzeptionellen Grundlagen des Projektes entfaltet (*Kap. 2–5*), anschließend das daraus entwickelte Weiterbildungskonzept mit seinen Bausteinen vorgestellt und die begleitenden Impulse zur Organisationsentwicklung beschrieben (*Kap. 6 und 7*). In *Kap. 8* werden die Ergebnisse der Evaluation präsentiert, die nicht nur summativ, sondern auch formativ angelegt war. Den Abschluss (*Kap. 9*) bilden grundsätzliche Überlegungen zur

Nachhaltigkeit interkultureller Projekte. In diesem Zusammenhang ist zu erwähnen, dass das Projekt den XENOS-Preis des BMAS für „Erfolgreiche Verstetigung" in der Programmlinie Unternehmen und öffentliche Verwaltung erhalten hat. Im *Anhang* sind dazu auch die offiziellen Projektdaten gemäß der Förderung aus ESF-Mitteln abgedruckt.

Ein solches mehrjähriges Projekt hat sowohl eine Forschungs- als auch eine Entwicklungslogik zu berücksichtigen: Zum einen gilt es, grundsätzliche Erkenntnisse über realitätstaugliche Strategien des Wandels für einen bestimmten Organisationstyp (hier: die Polizei) zu gewinnen, die im Hinblick auf die Diversitätsfrage besondere Voraussetzungen mitbringt. Zum anderen sollen geeignete Ansätze und Strategien auch praktisch entwickelt und erprobt werden. Dabei kann die notwendige Passung des Diversitätskonzepts im Hinblick auf die jeweiligen organisationalen „Realitäten" nicht einfach „von außen" initiiert werden. Vielmehr bedarf es eines gemeinsamen Lern- und Entwicklungsprozesses, der sich als interaktive und iterative Lernbewegung zwischen den Experten aus der beruflichen Praxis und der interkulturellen Forschung darstellen lässt (vgl. grundsätzlicher zu diesem Modell: Leenen & Groß 2007): Die Beteiligten müssen ihre unterschiedlichen Perspektiven und Expertise in einen Entwicklungsprozess einfließen lassen, die dabei gemachten Erfahrungen reflektieren und das weitere Vorgehen laufend modifizieren. Ein solcher Lern- und Entwicklungsprozess ist ausgesprochen aufwändig, angesichts des skizzierten Anspruchs aber erforderlich.

Die hier präsentierten Erfahrungen und Erkenntnisse können als prototypisch für die Entwicklung vergleichbarer Konzepte für die Polizei in anderen Bundesländern, aber auch – mit den entsprechenden Modifikationen – für ähnlich gelagerte Initiativen im Bereich öffentlicher Verwaltung insgesamt gesehen werden: Die Spezifika eines solchen Prozesses sind identifizierbar, zudem lassen sich auch generalisierungsfähige Einsichten für das Vorgehen bei der Entwicklung feldangepasster Diversitätsstrategien in der öffentlichen Verwaltung erkennen.

2 Diversität in der öffentlichen Verwaltung

2.1 Ziele und Grundbegriffe in der politischen Diskussion

Klopft man vorliegende politische Verlautbarungen und Beschlüsse der jüngsten Zeit auf ihre konzeptionellen Grundlinien ab, so zeigt sich ein munteres Durcheinander von Zielen wie „Integration", „Inklusion", „Partizipation", „Teilhabe", „Diversität" oder „Vielfalt", die nicht immer ganz konsistent mit „Maßnahmen" wie „Interkulturelle Öffnung", „Interkulturelle Weiterbildung"[1] oder „Interkulturelle Kompetenzentwicklung" in Verbindung gebracht werden. Irritierend ist, dass diese Schlüsselkategorien nicht etwa ganz unterschiedliche politische Stoßrichtungen markieren, sondern fast austauschbar einen wolkigen Zielhorizont ausschmücken, der u.a. durch eine „Interkulturelle Öffnung der Verwaltung" oder auf der Maßnahmenebene durch „mehr interkulturelle Kompetenz" für die Mitarbeiter/innen oder eine Erhöhung des Anteils von Personal mit Migrationshintergrund im öffentlichen Dienst realisiert werden soll.

Da die in der politischen Diskussion verwendeten Schlüsselbegriffe aus völlig unterschiedlichen wissenschaftlichen Zusammenhängen stammen und häufig untereinander nur mit großen Schwierigkeiten anschlussfähig sind, versucht Abbildung 2 eine erste Sortierung und eine Zuordnung zu bestimmten Analyse- bzw. Handlungsebenen und Bezugswissenschaften vorzunehmen.

„Interkulturelle Kompetenz" ist ein vor allem psychologisch fundiertes Konzept der *Mikro-Ebene*, bei dem es um *Personen* und ihre Fähigkeit geht, mit einem bestimmten Typ von Anforderungssituation erfolgreich umzugehen. Werden Lernprozesse dieser Art durch Schulungs- oder Trainingsangebote gezielt in die Organisationsentwicklung einbezogen, spricht man von *Interkultureller Personalentwicklung.*

---

1 Im Folgenden ist gemäß dem üblichen Gebrauch von „Interkultureller Weiterbildung" die Rede, wenn feldunspezifisch berufliche Weiterqualifizierung gemeint ist; im polizeilichen Kontext ist der Begriff „Fortbildung" etabliert.

Bundesland	Jahr	Initiative
Berlin	2007	Berliner Integrationskonzept
Rheinland-Pfalz	2007	Integrationskonzept „Verschiedene Kulturen – Leben gemeinsam gestalten"
Niedersachsen	2008	Kabinettsbeschluss zur interkulturellen Öffnung der Landesverwaltung und zur Charta der Vielfalt
Berlin	2010	Gesetz zur Regelung von Partizipation und Integration ...
NRW	2011	Kabinettsbeschluss Landesinitiative zur interkulturellen Öffnung der Landesverwaltung vom 31.5.2011
Baden-Württemberg	2011	Beschluss des Ministerrates „Leitbild Vielfalt als Ressource – Wege zur interkulturellen Öffnung der Landesverwaltung"
NRW	2012	Gesetz zur Förderung der gesellschaftlichen Teilhabe und Integration in Nordrhein-Westfalen

Abb. 1: Beschlüsse zu „Interkulturelle Öffnung des Öffentlichen Dienstes"

„Förderung der Diversität", „Diversity Management" und *„Interkulturelle Öffnung"* sind Konzepte der *Meso-Ebene*: Hier werden Organisationen gleichsam aus einer Adlerperspektive daraufhin betrachtet, ob ihre Belegschaft homogen oder heterogen ist und ob die Organisation für unterschiedliche Gruppen zugänglich bzw. offen ist bzw. „offener" gestaltet werden kann.

„Integration" und *„Inklusion"* sind schließlich (soziologische bzw. politologische) Konzepte, die man der sogenannten gesellschaftspolitischen *Makro-Ebene* zuordnen sollte. (Wie die aktuelle schulpolitische Diskussion zum Thema Inklusion zeigt, tauchen diese Konzepte aber zuweilen auch in einer etwas verwirrenden Weise auf den anderen Ebenen auf.)

Schlüsselbegriffe	*Ebene*	Bezugswissenschaften
Teilhabe / Partizipation **Integration / Inklusion**	*Makro-Ebene* *Gesellschaft*	Politologie / Soziologie
Interkulturelle Öffnung **Diversity / Diversität** **Interkulturelle Organisationsentwicklung**	*Meso-Ebene* *Organisation*	Organisationssoziologie / Betriebswirtschaftslehre
Interkulturelle Personalentwicklung **Interkulturelle Kompetenz**	*Mikro-Ebene* *Person*	Psychologie, Pädagogik

Abb. 2: Schlüsselbegriffe: Ebenen und Bezugswissenschaften

Stellt man die Frage nach dem Verhältnis von Zielen und Maßnahmen (Umsetzung), dann zeigt sich, dass die hier aufgeführten abstrakten Ziele im Wesentlichen durch zwei Maßnahmen umgesetzt werden sollen, nämlich durch eine Mehreinstellung von Personen mit Migrationshintergrund (also durch mehr Diversität in der Verwaltung) und durch Maßnahmen der interkulturellen Schulung bzw. Kompetenzvermittlung. Zuweilen wird in diesem Zusammenhang auch von einer weiteren interkulturellen Öffnung gesprochen. In Nordrhein-Westfalen werden z.B. durch die Landesinitiative „Mehr Migrantinnen und Migranten in den öffentlichen Dienst – Interkulturelle Öffnung der Landesverwaltung" (Kabinettsbeschluss vom 21.12.2010) drei strategische Ziele festgeschrieben: „Der Anteil der Migrantinnen und Migranten im Öffentlichen Dienst soll erhöht, die interkulturelle Kompetenz der Landesbediensteten soll gesteigert und die interkulturelle Öffnung soll landesweit angestoßen werden." (Ministerium für Arbeit, Integration und Soziales des Landes Nordrhein-Westfalen 2013: 5).

Entscheidende Fragen in diesem Zusammenhang sind, ob sich gesellschaftspolitische Ziele wie „Integration" und „Teilhabe" denn überhaupt widerspruchsfrei über Strategien auf der Organisationsebene umsetzen lassen (oder ob es dafür nicht ganz anderer Maßnahmen bedarf) oder in welchem Verhältnis Maßnahmen der Diversitätssteigerung zu den Ausbildungs- und Schulungsanstrengungen stehen müssen. Kaum diskutiert wird bislang auch die Frage, inwieweit dabei Besonderheiten der Organisation berücksichtigt werden müssen, ob also für bestimmte Organisationen wie die Verwaltung oder die Polizei spezifische Strategien entwickelt werden müssen.

2.2 Daten zur Interkulturellen Öffnung der Verwaltung

Bezeichnenderweise ist nicht nur die Einbeziehung von Migranten in gesellschaftliche Schlüsselbereiche defizitär. Auch die Möglichkeit, diese Fragestellung mit Mitteln der empirischen Sozialforschung angemessen zu erfassen, ist kaum gegeben: Das reale Problem einer unvollständigen Integration hat seine Entsprechung in einer unzureichenden statistischen Erfassung der Herkunft der im Öffentlichen Dienst Beschäftigten.

Bis 2005 bezogen sich zum Beispiel die vorliegenden Statistiken zumeist auf die *deutsche* bzw. *ausländische Staatsbürgerschaft*. Es liegt auf der Hand, dass mit dieser Kategorie der Integrationserfolg der nach Deutschland zugewanderten Familien nur sehr unzureichend beurteilt werden kann.

Seit dem Mikrozensus 2005 erhebt die amtliche Statistik allerdings auch Daten zum sogenannten *Migrationshintergrund*. Es werden hierzu Aussagen der Befragten zur Geschichte ihrer Zuwanderung, zur Staatsangehörigkeit und Einwanderung ausgewertet. Ein sogenannter Migrationshintergrund liegt demnach vor, wenn

1. eine Person nicht die deutsche Staatsangehörigkeit besitzt oder

2. der Geburtsort dieser Person außerhalb der heutigen Grenzen der Bundesrepublik Deutschland liegt und eine Zuwanderung in das heutige Gebiet der Bundesrepublik Deutschland nach 1955[2] erfolgte oder

3. der Geburtsort mindestens eines Elternteiles der Person außerhalb der heutigen Grenzen der Bundesrepublik Deutschland liegt sowie eine Zuwanderung dieses Elternteiles in das heutige Gebiet der Bundesrepublik Deutschland

---

2 Seit dem Mikrozensus 2011 ist nicht mehr das Jahr 1949, sondern das Jahr 1955 maßgeblich.

nach 1955 erfolgte. Somit gehören auch Spätaussiedler und deren Kinder zu den Personen mit Migrationshintergrund.

Nach dem Migrationsbericht 2010 hatten fast 16 Mio. Personen (etwa ein Fünftel der Bevölkerung) einen solchen Migrationshintergrund. Davon hatte nur etwa die Hälfte eigene Migrationserfahrungen.

Für den sogenannten *Öffentlichen Dienst* insgesamt liegen Daten bezüglich der Beschäftigten mit Migrationshintergrund vor, die aber – was die Situation in staatsnahen Verwaltungsbereichen anbelangt – nicht mehr als einen groben ersten Eindruck liefern können: Der Anteil der „Ausländer" an den im Öffentlichen Dienst Beschäftigten lag bis 2008 unter 4%, 2009 betrug er 4,1% und 2010 4%. Für die erweiterte Gruppe der Personen mit Migrationshintergrund lag der Anteil an den im Öffentlichen Dienst Beschäftigten im Jahr 2010 (ähnlich wie in den Vorjahren) noch knapp unter 10%. Im Vergleich zur Gesamtbevölkerung sind Personen mit Migrationshintergrund hier also noch immer deutlich unterrepräsentiert.

Die Aussagekraft dieser Werte für den engeren Bereich der Verwaltung ist aber eingeschränkt: Die Werte des Mikrozensus basieren nämlich lediglich auf der (subjektiven) Einschätzung der Befragten. Es ist daher zu vermuten (hierzu und zum Folgenden vgl. Engels u.a. 2011: 132), dass diese beispielsweise ihre Beschäftigung bei kommunalen Unternehmen mit öffentlichen Aufgaben, wie z.B. Müllabfuhr, Elektrizitätswerken, ÖPNV usw. dem „Öffentlichen Dienst" zuordnen, auch wenn diese Bereiche inzwischen häufig privatisiert wurden und daher nicht mehr dem Staatsdienst im engeren Sinn zugeordnet werden können. Zudem überwiegt bei einer Beschäftigung in solchen „öffentlichen" Aufgabenbereichen eine Tätigkeit in untergeordneten Positionen. Dies wird deutlich, wenn man die Daten nach der Einkommenshöhe analysiert:

Der Anteil der Beschäftigten mit Migrationshintergrund mit einem persönlichen monatlichen Nettoeinkommen von weniger als 1.100 € lag zwischen 2005 und 2010 bei durchschnittlich etwa 15%.

Bei einem persönlichen monatlichen Nettoeinkommen von mehr als 2.000 € schwankt dieser Anteil dagegen im selben Zeitraum zwischen 4,7 und 6,3%.

Die Hypothese drängt sich auf, dass in den Schlüsselbereichen der staatlichen Ordnungs- und Eingriffsverwaltung der Anteil der Beschäftigten mit Migrationshintergrund also noch deutlich niedriger liegen wird. Hierzu fehlen aber leider systematische Erhebungen.[3]

2.3 Personal mit Migrationshintergrund in der Polizei

Während die niederländische Polizei bereits für das Jahr 1999 den Anteil an sogenannten Minderheitsangehörigen mit 4,8% angibt (vgl. Kunz & Breit 2002), liegt der entsprechende Anteil bei deutschen Polizeibehörden bis zur Jahrtausendwende bei unter 1%. Exakte Zahlen lassen sich auch hier nicht benennen, weil das Merkmal „Zugehörigkeit zu einer ethnischen oder kulturellen Gruppierung" nach der Übernahme in den Polizeidienst statistisch grundsätzlich nicht erhoben wird. In Nordrhein-Westfalen erfasst allerdings der Werbe- und Auswahldienst der Polizei beim LAFP NRW in Münster seit 2002 bei Bewerbungen und Einstellungen den Anteil der Personen mit Migrationshintergrund. Zu diesem Personenkreis wurden bis zum Jahr 2009 (alte Definition): (1) alle Personen mit einer anderen als der deutschen Staatszugehörigkeit, (2) Bewerber und Bewerberinnen, die ehemals eine andere Staatszugehörigkeit hatten („Eingebürgerte") sowie (3) Spätaussiedler gerechnet. Seit dem Jahr 2010 werden unter Bewerbungen von Personen mit Migrationshintergrund zusätzlich auch noch (4) Bewerber und Bewerberinnen erfasst, die einen ausländischen Elternteil oder ausländische Eltern haben (neue Definition).

---

3   In der Literatur finden sich lediglich stichpunktartige Angaben. Boos-Nünning beziffert beispielsweise den Anteil an Mitarbeiterinnen und Mitarbeitern mit Migrationshintergrund in der Essener Stadtverwaltung mit 2%, im öffentlichen Dienst der Kommune insgesamt mit ca. 6% (vgl. Boos-Nünning 2007).

Jahr	Anzahl absolut	%-Anteil
2002	75	7,42
2003	74	6,96
2004	33	6,88
2005	30	6,25
2006	38	7,60
2007	21	4,20
2008	68	6,18
2009	58	5,27
2010	124	11,26
2011	143	10,21
2012	161	11,50

Abb. 3: Einstellungen von Personen mit Migrationshintergrund

Nach Angaben des Werbe- und Auswahldienstes in Münster sind in der Zeit zwischen 1993 und 2002 insgesamt nur etwa 100 Angehörige von Minderheiten mit einer ausländischen Staatsangehörigkeit (und der entsprechenden Sondergenehmigung des Innenministeriums) sowie 385 Personen mit einem Migrationshintergrund (Gruppe 2–4) eingestellt worden (vgl. Schulte 2008: 303). Von 2002 bis 2012 sind in absoluten Zahlen weitere 825 Personen mit Migrationshintergrund in den Polizeidienst des Landes NRW eingestellt worden. Bezogen auf einen Personalbestand von über 40.000 Beschäftigten kann man also auf einen Anteil von ungefähr 3% schließen.

Bei den Neueinstellungen liegt der Anteil von Personen mit Migrationshintergrund über den Zeitraum 2002 bis 2012 betrachtet mit durchschnittlich 8,14% nach wie vor noch deutlich unter 10%. Der Anteil steigt zwar in den letzten Jahren, was aber u.a. auch auf eine Erweiterung der Definition von „Migrationshintergrund" zurückgeht: Die Werte nach der alten Definition lägen beispielsweise bei nur 7,97% für 2010 (statt 11,26%) und bei 8,00% (statt 10,21%) für das Jahr 2011.

Extrapoliert man den Durchschnitt der Einstellungswerte aus dem Zeitraum 2003 bis 2012 in die Zukunft, läge der Anteil im Jahr 2022 bestenfalls zwischen 4% und 5%. Eine Erhöhung des Anteils der Beamten mit Migrationshintergrund auf Werte wie im Bevölkerungsdurchschnitt ist bei diesen Zuwachsraten vorerst nicht zu erwarten.

Jahr	„Erfolgsquote" von Bewerbungen mit Migrationshintergrund	„Erfolgsquote" von Bewerbungen ohne Migrationshintergrund
2008	4,81	13,27
2009	7,00	18,62
2010	9,79	16,78
2011	9,94	20,65
2012	9,16	19,08

Abb. 4: Erfolgreiche Bewerbungen mit und ohne Migrationshintergrund

Da die Erhöhung des Anteils von Personen mit Migrationshintergrund an den Beschäftigten dezidiert „ohne verpflichtende Quote" und ohne den Gleichbehandlungsgrundsatz verletzende Maßnahmen erreicht werden soll, ist es politisch von besonderem Interesse, Zugangshindernisse und „mögliche Hemmnisse bei der Auswahl und der Einstellung von Menschen mit Migrationshintergrund" (Ministerium für Arbeit, Integration und Soziales des Landes Nordrhein-Westfalen 2013: 6) identifizieren und ggfs. auch abbauen zu können. Von daher ist ein Blick auf die „Erfolgsquoten" im Auswahlverfahren interessant. Vergleicht man das Verhältnis von Bewerbungen und Einstellungen in den Gruppen der Bewerber und Bewerberinnen mit und ohne Migrationshintergrund, dann zeigt sich, trotz einer gewissen Zunahme der Einstellungen aus der Gruppe mit Migrationshintergrund, eine markante Differenz der Erfolgsquoten im Auswahlverfahren.

3   Stufen interkultureller Professionalität in der Polizei

Mit dem Titel des XENOS-Projekts „Interkulturelle Qualifizierung und Förderung kultureller Diversität in der Polizei NRW" werden als grobe Zielrichtung sowohl interkulturelle Qualifizierungs- als auch Diversitätsaspekte benannt. Wie hängen diese Aspekte zusammen?

Wir unterscheiden zwei historische Stufen, in denen sich die Polizei als Organisation mit interkultureller Professionalität auseinandergesetzt hat.

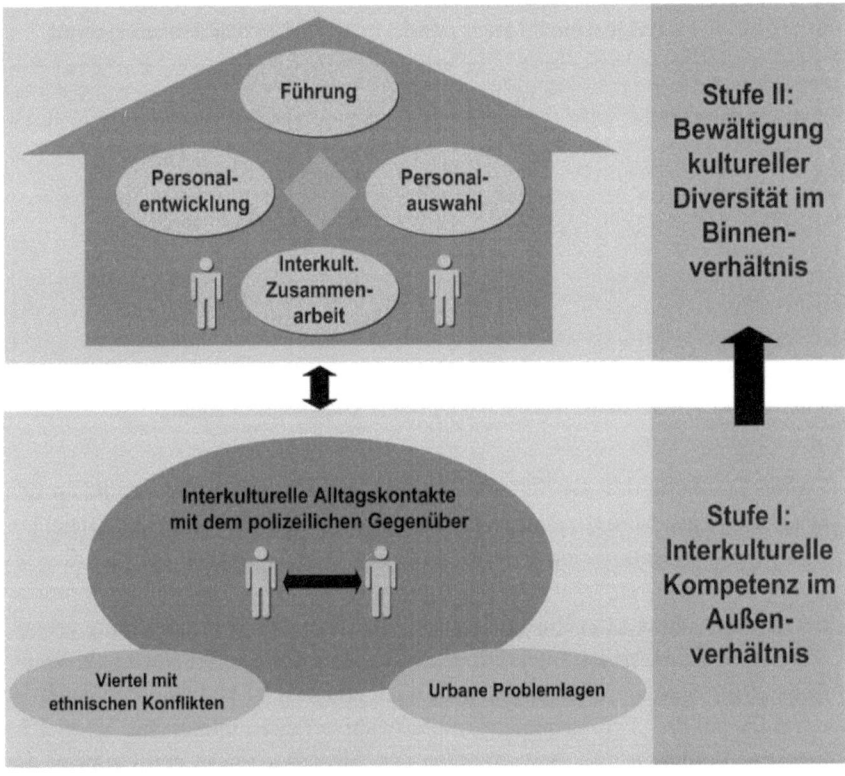

Abb. 5: Stufen interkultureller Professionalität

Als erste interkulturelle Professionalisierungsstufe bezeichnen wir die Vorbereitung und Schulung des Personals der Polizei für Fremdkulturkontakte im Außenverhältnis der Organisation. Nach einigen Anlaufschwierigkeiten in den 90er Jahren des letzten Jahrhunderts – das Thema Interkulturalität war anfänglich ein Reizthema für die Organisation, weil es im Kontext der „Vorwurfslage" gesehen wurde, die Polizei reagiere fremdenfeindlich und unsensibel gegenüber „Ausländern" – hat sich inzwischen in allen Polizeiorganisationen in Deutschland ein Bewusstsein für die Bedeutsamkeit „interkultureller Kompetenzen" durchgesetzt. Die interkulturelle Qualifizierung von Polizeibeamtinnen und -beamten für den Umgang mit Diversität im Außenverhältnis der Organisation ist zu einem wichtigen Baustein im Aus- und Fortbildungsprogramm der Polizei geworden. In Nordrhein-Westfalen engagiert sich beispielsweise das Landesamt für Ausbildung, Fortbildung und Personalangelegenheiten der Polizei (LAFP NRW) schon seit mehreren Jahren in diese Richtung und bietet regelmäßig Seminare an wie „Interkulturelle Kompetenz in der Polizeiarbeit", „Spannungsfeld Aus- und Übersiedler", „Grundwissen Islam" oder „Extremismus (rechts/links) und polizeiliche Aufgabenbewältigung im täglichen Dienst". Im Zeitraum 2001 bis 2011 haben allein im LAFP NRW ca. 7.500 Teilnehmer/innen etwa 280 interkulturelle Schulungsangebote besucht.

Die fortschreitende „Multikulturalisierung" unserer Gesellschaft stellt die Polizei aber auch intern vor neue Herausforderungen: Während die Notwendigkeit interkultureller Kompetenz im Umgang mit dem sogenannten „Polizeilichen Gegenüber" inzwischen als selbstverständlich und als fraglos akzeptiert gelten kann, ist es mit der Rückwendung interkultureller Professionalitätsanforderungen auf den Binnenraum der Organisation noch bei weitem nicht so gut bestellt. Die Polizei ist zwar längst keine rein monokulturelle Organisation mehr; vom Idealbild einer Organisation, in der kulturelle Diversität eine bedeutsame Rolle spielt, ist sie allerdings noch ein gutes Stück entfernt. Dies hat nicht allein mit der bislang eher unzureichenden quantitativen Einbeziehung von Personen mit Migrationshintergrund in den Polizeidienst zu tun. Kulturelle Diversität im Binnenverhältnis der Organisation stellt sich auch als eine besondere Herausforderung für die bislang gelebte Polizeikultur (oder wie Behr es nennt: für die „Polizistenkultur") dar. Während die Anerkennung interkultureller Kompetenzerfordernisse noch vergleichsweise bruchlos in diese Organisationskultur integriert werden konnte, weil das Thema Fremdheit zunächst einmal an der Außengrenze des Systems identifiziert und damit dem „polizeilichen Gegenüber" zugeordnet werden konnte, stellt das Diversitätsthema eine weitergehende Verunsicherung des althergebrachten organisationskulturellen Selbstverständnisses der Polizei dar. Die Besonderheit interkultureller Herausforderungen besteht ja stets darin, dass Grenzen der Erwartbarkeit oder Grenzen von als „normal" geltenden Bewältigungsmechanismen in den Blick kommen. Mit Schulungen zur Förderung und Entwicklung interkultureller Kompetenzen wird versucht, die Beamtinnen und Beamten auf solche Grenzsituationen im Berufsalltag vorzubereiten und die Grenzen des Bewältigbaren positiv zu verschieben. Die Wahrnehmung und Anerkennung zunehmender kultureller Diversität innerhalb der Polizei lässt solche kritischen Situationen gleichsam in den Binnenraum der Organisation hineinwandern. Eine organisationskulturelle Selbstverständlichkeit, dass nämlich Irritationen kultureller Art und die damit verbundenen Ambivalenzgefühle nichts mit dem Arbeitsalltag unter „Kollegen" zu tun haben, wird damit brüchig.

Das Projekt „Interkulturelle Qualifizierung und Förderung kultureller Diversität in der Polizei NRW" stößt also nicht nur wissenschaftlich und politisch, sondern auch, was das Selbstverständnis und die alltägliche Praxis der Organisation angeht, auf Neuland vor. Neben der Weiterentwicklung des bereits bestehenden Qualifizierungsprogramms im Bereich „Interkulturelle Kompetenz" im Außenverhältnis der Organisation zielt das Kooperationsprojekt auf eine grundsätzlichere Auseinandersetzung mit den Chancen und Risiken kultureller Unterschiedlichkeit innerhalb der Organisation. Allerdings scheint kein irgendwo abrufbares perfektes Konzept zu existieren, das die Polizei für ihre Anforderungen einfach übernehmen könnte. Es gehörte also zu den ambitionierteren Anforderungen dieses Projektes, einen für die deutsche Polizei angemessenen abgewogenen Diversitätsansatz zu entwickeln. Das Projekt liefert also nicht nur einzelne Denkanstöße und Lerninstrumente sowie die entsprechenden Workshop-Module, sondern einen grundsätzlicheren, auf das Diversitätsziel bezogenen Positionierungsvorschlag für die Polizei (eine Diversitätsstrategie) und eine Wegbeschreibung für dieses von zahlreichen konzeptionellen Unschärfen geprägte Feld der zunehmenden kulturellen Diversität.

Zentrales praktisches Projektziel war davon ausgehend eine Sensibilisierung des Polizeipersonals für und eine Vorbereitung auf die zunehmende Bedeutung von Diversitätsfragen in der Organisation. Im Kern ging es darum, die Mitarbeiter/innen besser auf die sich anbahnenden Veränderungen im Innenverhältnis der Organisation einzustellen und ein Klima zu schaffen, in dem kulturelle Diversität nicht nur selbstverständlich und akzeptiert ist, sondern auch die damit verbundenen Potenziale besser genutzt werden können. Neben diesem Hauptziel, das durch die gemeinsame Entwicklung von neuen Fortbildungsmodulen verfolgt werden sollte, zielte das Projekt auch darauf ab, gewisse Impulse zur Veränderung der Organisationskultur zu setzen. Dies wurde allerdings bewusst als untergeordnetes Nebenziel verfolgt, da sich ein auf Kooperation zwischen Wissenschaft und Polizeipraxis angelegtes Projekt keine expliziten Organisationsentwicklungsziele für die Polizei als Großorganisation setzen kann. Hier hing die Zielerreichung davon ab, in wieweit die Leitung des LAFP NRW und in der Folge das Ministerium für Inneres und Kommunales NRW (MIK NRW) sich in der Lage sehen würden, auf Erkenntnisse des Projektes und daraus entstehende Anregungen, politisch zu reagieren.

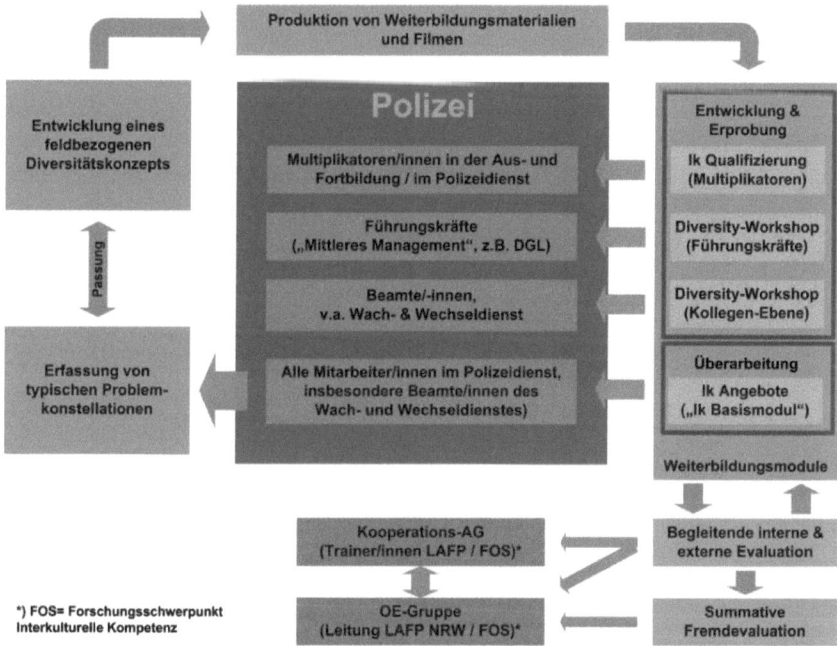

Abb. 6: Gesamtanlage des Projektes / Zentrale Projektaktivitäten

Abbildung 6 zeigt die Gesamtanlage des Projektes. Ausgehend von ersten Expertenrunden, Auswertungen wissenschaftlicher Studien zum Thema, den qualitativen Befragungen von Mitarbeiterinnen und Mitarbeitern der Polizei sowie den Ergebnissen erster Probeworkshops (*Phase I*) wurde ein feldbezogenes und realistisches Diversitätskonzept für die Polizei entwickelt (*Phase II*). Dabei wurden auch Ergebnisse der Forschung zur Umsetzung von Diversitätsansätzen in Ländern wie Kanada, Großbritannien und den Niederlanden berücksichtigt.

Das laufende interkulturelle Angebot (Basismodul „Interkulturelle Kompetenz") wurde gemäß diesem Konzept überarbeitet und erweitert. Neue Workshops zum Thema Diversität wurden für drei Zielgruppen konzeptioniert und erprobt (*Phase III*): a) für multikulturelle Teams von Beamtinnen und Beamten des Wach- und Wechseldienstes b) für Leitungskräfte und c) für Beamtinnen und Beamte mit Lehr- und Fortbildungsfunktionen. Dabei wurden für die jeweiligen Kontexte spezifische Fortbildungsmaterialien (insbesondere Gruppenübungen und Kurzfilme) entwickelt (*Phase IV*). Die Durchführung und Erprobung der Workshops wurde begleitend evaluiert (*Phase V*). Die Ergebnisse der begleitenden Evaluation wurden regelmäßig einer Kooperationsrunde der beteiligten Trainerinnen und Trainer sowie der im Sechs-Wochen-Abstand tagenden Arbeitsgruppe zur Organisationsentwicklung zur Verfügung gestellt.

4 Schwierigkeiten des Umgangs mit Fremdheit in der Polizei

Erfahrungen aus Ländern, in denen schon sehr viel früher begonnen wurde, Menschen mit Migrationshintergrund für den Polizeidienst zu gewinnen, zeigen, dass die Integration von Personen, die von der Mehrheit der Organisationsmitglieder als „anders" etikettiert werden, auch fundamental misslingen kann. In den Niederlanden musste man schon in den 1990er Jahren feststellen, dass das für den Polizeidienst mit großem Aufwand rekrutierte Personal mit Migrationshintergrund überdurchschnittlich häufig den Polizeidienst wieder quittiert (vgl. Bovenkerk & de Vries 1999: 150–52), was man inzwischen als „Drehtüreffekt" bezeichnet. Auch aus Großbritannien liegen Untersuchungen vor, die einen Zusammenhang zwischen den ungeschriebenen Ritualen und Codes von Vertretern der Mehrheitskultur in der Organisation und dem Gefühl von Ausgrenzung auf Seiten der Minderheitsangehörigen herstellen (vgl. Oakley 2001). In der Diversitätspolitik der kanadischen wie der britischen Polizei wird explizit von einem „Retention"-Problem gesprochen, also von der Aufgabe, das angeworbene Personal auch in der Organisation zu halten, was durch eine Veränderung der Organisationskultur und eine entsprechende Personalpolitik zu lösen sei (vgl. Pruegger 2006; Cooper 2004). Vor diesem Hintergrund stimmen aktuelle Forschungsergebnisse aus verschiedenen Studien nachdenklich, die zeigen, dass sich auch in Deutschland Beamtinnen und Beamte mit einem Migrationshintergrund oftmals in einer prekären Sonderrolle sehen. Aus dem vorliegenden Interviewmaterial (siehe vor allem Blom 2004; Hunold 2008, Sigel 2009) lassen sich typische Muster oder „Syndrome" herauskristallisieren, die zeigen, dass ein selbstverständliches Miteinander unterschiedlicher Kulturen in der Organisation noch längst nicht erreicht ist.[4]

Grundsätzlich fühlen sich Polizeiangehörige mit Migrationshintergrund im Vergleich zu deutschstämmigen Beamten unter stärkerer Beobachtung, was zu-

---

4 Wir zitieren im Folgenden aussagefähige Aussagen aus diesen Studien, die im Einklang mit unseren Befragungen stehen und auch die Ergebnisse der Brainstorming-Workshops bestätigen, die zur Vorbereitung unserer Filmproduktion organisiert wurden. Eine eigene *systematische* Erhebung auf der Basis qualitativer Interviews war im Rahmen des Projektes nicht möglich.

nächst einfach mit ihrer besonderen Sichtbarkeit in der Organisation zusammen-hängen könnte. Die (autochthonen) Kolleginnen und Kollegen vermitteln ihnen offenbar den Eindruck einer gewissen Auffälligkeit, aus der sie stellvertretend für alle Polizeibedienstete anderer Herkunft die Selbstverpflichtung ableiten, sich durch besondere Leistungen beweisen zu müssen.

„Ich versuche auf jeden Fall mindestens genauso gut zu sein wie ein deutscher Kollege, wenn nicht sogar besser...“ (Blom 2004: 132)

„Wir müssen mit dem Verrichten unserer Arbeit vorsichtiger sein, wir können uns gewisse Fehler nicht so oft erlauben wie vielleicht andere Beamte.“ (Blom 2004: 128)

„Ich will beweisen, dass ich auch etwas drauf habe und es wert bin, ein-gestellt worden zu sein. Ich versuche zu vermitteln, dass keiner denkt, dass es ein Fehlgriff war, Mitbürger ausländischer Herkunft hier einzu-stellen.“ (Blom 2004: 132)

Diese Selbstverpflichtung, einen besonders positiven Eindruck zu machen, führt in die Gefahr einer Überanpassung und forcierter Assimilationsbeweise, mit de-nen versucht wird, den Rollenerwartungen der Kolleginnen und Kollegen zu be-gegnen. *„Ich muss halt den Leuten das Gefühl geben, das ich mich integrieren kann"* (Blom 2004: 143). Der besondere Anpassungsdruck führt u.a. auch dazu, dass nicht deutschstämmige Polizistinnen und Polizisten auf keinen Fall auch nur den Anschein einer Bevorzugung ertragen können, auch wenn die Organi-sation gerade ihre Fähigkeiten besonders braucht. Auffällig ist die wiederholte Betonung, dass sie unter denselben Voraussetzungen zur Polizeiausbildung zu-gelassen wurden wie ihre deutschen Kollegen und keine Sonderrolle wünschen. *„Ich will einfach nur ganz normal behandelt werden wie alle anderen Kollegen auch, ich möchte keine Vorteile, ich möchte keine Nachteile"* (Blom 2004: 134). Um ihre Normalität zu beweisen, vermeiden sie häufig auch eine Gruppenbil-dung mit anderen Angehörigen von kulturellen Minderheiten in der Organisa-tion.

„Wenn man so Gleichgesinnte sucht und die dann gefunden hat, ich weiß nicht, ob das von Vorteil ist. Von außen, wie das dann ankommt, wenn es heißt, da gibt's so 'ne Gruppe von farbigen Polizisten, ja da können sie sich ja über uns ablästern oder was auch immer, ich weiß es nicht, ich halte nichts davon.“ (Hunold 2008: 106)

Polizeikräfte mit Migrationshintergrund leiden häufig unter stereotypen Zu-schreibungen, die sie auf die Rolle eines bloßen Vertreters einer bestimmten

Herkunftsgruppe festlegen. Sie beklagen – wie andere Migranten und Migrantinnen übrigens auch (siehe Badawia 2008) –, dass solche Zuschreibungen es ihnen schwer machen, sich in ihrer Individualität darzustellen, und sehen sie als Ausdruck fehlender Anerkennung für eine im Großen und Ganzen doch ausgesprochen gelungene Sozialisation im Schnittfeld mehrerer Kulturen. Trotz ihrer zweifellos vorhandenen deutschen Identitätsanteile (sie hätten sich sonst sicherlich nicht für den Polizeiberuf entschieden) stellen einige unter ihnen eher resigniert fest, dass diese von den Kollegen kaum wahrgenommen werden und die Aufmerksamkeit sich eher auf oberflächliche Fremdheitssignale richtet. Ein Interviewpartner in der Studie von Blom konstatiert lapidar: *„Ich hab in gewisser Weise hier auch so ein bisschen die Rolle des Polen angenommen"* (Blom 2004: 157).

Der ursprüngliche Vorteil der Zweisprachigkeit verkehrt sich zuweilen in zu selbstverständliche Job-Zuschreibungen: Beamte und Beamtinnen mit Migrationshintergrund werden nicht nur häufig zu Übersetzungs- und Dolmetschertätigkeiten herangezogen, sondern vermehrt auch in Kontakten mit „Landsleuten" eingesetzt, auch wenn ihnen das nicht unbedingt leichter fällt als den deutschstämmigen Polizisten und Polizistinnen.

> *„Was ich negativ fand, ist, dass manche Kollegen, immer wenn Türken rein kamen, was bei uns sehr oft der Fall war, dass die die wohl bei mir abdrücken wollten. Im Sinne, das sind deine Landsleute, kümmer' dich mal drum. Was ich eigentlich nicht richtig fand, wogegen ich mich auch teilweise gewehrt hab."* (Sigel 2009: 131)

Was deutsche Kollegen und Kolleginnen und Dienstvorgesetzte hier häufig übersehen, ist die Neigung solcher „Landsleute", an besondere Gemeinsamkeiten und Loyalitäten zu appellieren, was den Polizeibediensteten mit Migrationshintergrund schon dann passieren kann, wenn sie der Einfachheit halber oder weil es die konkrete Situation sinnvoll erscheinen lässt, nicht länger deutsch, sondern die Sprache dieser „Landsleute" sprechen:

> *„Nachteilig ist natürlich, wenn man draußen jemanden hat und man fängt an, mit dem Russisch zu reden, dass dann die Gesprächssituation kippen kann, ja, dass dann quasi auf Landsmann gemacht wird. Dann versuchen die, nicht den Beamten vor sich zu sehen, oder wollen dir suggerieren, dass du jetzt nicht der Beamte vor ihnen bist, der jetzt den Staat vertritt und die rechtliche Seite abarbeiten muss, sondern dann wird an das Zusammengehörigkeitsgefühl appelliert, in dem Sinne, man soll doch die Leute jetzt wieder laufen lassen."* (Sigel 2009: 137)

Das Pendant zu diesem partikularen Loyalitätsanspruch ist der Verratsvorwurf, zu dem dann schnell gegriffen wird, wenn sich Beamte und Beamtinnen nicht an den Erwartungen der „Landsleute", sondern an rechtlichen Vorgaben orientieren.

Ein weiteres Thema mit besonderer Brisanz sind die alltäglichen Anspielungen und Witze, in denen das „Anders-Sein" von Beamten und Beamtinnen mit Migrationshintergrund betont wird. Harmlosen Frotzeleien gegenüber versucht man, sich als nicht allzu verletzlich zu zeigen, da Witzeleien und Sprüche – „*Der Pole kommt, tut's euer Zeug weg*" (Sigel 2009: 123) – zunächst als berufstypischer ‚Belastbarkeits- und Unkompliziertheitstest' gesehen werden. „*Klar nervt mich das, aber ich lass mir das nicht anmerken. Da haben die gewonnen und das möchte ich nicht*" (Blom 2004: 151). Ethnische Anspielungen und Witze können in Gruppen aber durchaus auch eine Ventilfunktion haben und einen unbelasteten Umgang miteinander signalisieren. Ein Interviewpartner in der Studie von Hunold mit asiatischem Hintergrund begrüßt es, wenn solche Fremdheitsprojektionen offen artikuliert werden können:

> „*Ich geh damit eigentlich immer recht locker um, und meine Freunde ziehen mich auch damit auf, dass ich diesen Hintergrund habe, ich weiß nicht so irgendetwas mit Sushi oder dass ich immer Reis zum Frühstück esse, oder so was, aber das ist auch eine spaßige Sache. Ich bin ziemlich sicher, dass die Kollegen, die mich nicht mögen, da auf ne negative Art und Weise drüber sprechen, hinter meinem Rücken.*" (Hunold 2008: 110)

Problematischer ist es, wenn Sprüche und Anspielungen zu platt ausfallen oder eine pauschale Verbindung mit negativem Verhalten von „Landsleuten" hergestellt wird: „*Ja, die Türken halt mal wieder, oder guck, dein Landsmann halt*" (Sigel 2009: 123). Dass solche Sprüche als ablehnend oder sogar latent feindselig wahrgenommen werden, kann im Grunde nicht verwundern, wird hier doch die Zugehörigkeitsfrage gestellt. Eine besondere Belastung kann auch die Häufigkeit sein, mit der sie mit den immer wieder gleichen Witzen konfrontiert werden. Auch wenn der einzelne Witzbold das möglicherweise gar nicht intendiert hat, in der Summe entsteht bei den Betroffenen ein Gefühl von Nicht-Zugehörigkeit, dem man sich möglicherweise nicht ein ganzes Berufsleben lang aussetzen mag.

5 Grundsatzfragen kultureller Diversität in der Polizei

5.1 Historischer Exkurs zum Diversitätsgedanken

5.1.1 Diversitätsverständnis

Der in den USA geprägte Begriff *„diversity"* und der inzwischen eingedeutschte Begriff der *„Diversität"* sind meist positiv konnotiert, wenn sie in die Bedeutungsrichtung *„Mannigfaltigkeit"*, *„Vielfalt"* ausgelegt werden. Diversity/ Diversität lässt sich aber auch als *„Unterschiedlichkeit"* im Sinne von *„Andersartigkeit"* verstehen. Damit sind zwei Bedeutungsrichtungen angelegt, die sehr unterschiedliche Vorstellungen und Bewertungen aufrufen. Entsprechend changierend und unklar ist die Verwendung des Begriffs in der wissenschaftlichen Literatur, zumal eine eher deskriptive und eine normative Verwendung nicht immer klar getrennt werden.

Diversity/Diversität bezeichnet mit Blick auf das in einem Betrieb oder in einer Organisation eingesetzte Personal dessen „Unterschiedlichkeit" bzw. „Vielfalt" in bestimmten Hinsichten. Grundsätzlich kann jeder Aspekt herangezogen werden, um daraus eine „Diversität" der Belegschaft einer Organisation zu konstruieren. Manche Autoren beziehen Diversity auch tatsächlich auf beliebige Unterschiede: Thomas spricht beispielsweise von *„any mixture of items characterized by differences and similarities"* (1996: 5). Es hat sich aber in der Literatur die Einsicht durchgesetzt, dass es sinnvoll ist, eine Eingrenzung vorzunehmen und „diversity" auf erkennbar unterschiedliche, *sozial relevante* Gruppenzugehörigkeiten zu beziehen (vgl. Cox & Beale 1997: 1). Wird die Unterscheidung auf der Basis von Sprache, Verhaltensnormen, Werten, Lebenszielen, Denkstilen oder Weltanschauungen vorgenommen, hat sie also kulturelle Relevanz, sprechen die Autoren von „kultureller Diversität" (vgl. Cox & Beale 1997: 2).

Schaut man nicht aus dem Blickwinkel der Organisation auf das in ihr beschäftigte Personal, sondern auf einzelne Personen, dann könnte man auch von ihrer „Ungleichheit" sprechen. Die einzelnen Mitarbeiter/innen einer Organisation sind als Individuen prinzipiell ungleich, so dass sich die Frage stellt, in welcher Hinsicht diese Ungleichheit denn hier zum Thema wird. Es geht bezeichnenderweise nicht um eine Ungleichheit der Kompetenz oder der Leistungsbereitschaft. Es geht auch nicht um eine Ungleichheit des Bildungsstandes oder des Ausbildungsniveaus. Auf solche Unterschiede wird von der Organisation mit selbstverständlicher (weil als „sachgerecht" angesehener) Ungleichbehandlung, nämlich einer ungleichen Vergabe von Positionen und Entlohnungen reagiert. Dies verweist auf einen entscheidenden Punkt: Bei *Diversity* geht es ursprünglich nicht um beliebige Ungleichheiten. Es geht um Unterschiedlichkeiten, die keinen Grund für eine Ungleichbehandlung darstellen sollten und bei denen man im Falle des Falles von „Diskriminierung" (also von einer „nicht sachgerechten Ungleichbehandlung") sprechen würde. Dabei sind vor allem Ungleichheiten gemeint, die das Individuum nicht beeinflussen kann, wie z.b. Hautfarbe, Geschlecht, Herkunft, Kulturzugehörigkeit oder Alter. Auch das Vorhandensein (oder Nicht-Vorhandensein) eines körperlichen Handicaps, die sexuelle Orientierung und die Zugehörigkeit zu einer Religionsgemeinschaft werden zu diesen diskriminierungsrelevanten Unterschieden gerechnet. Stellt man den Diversitäts-Ansatz in diesen Herkunftsrahmen der Antidiskriminierung, wird seine Leistungsfähigkeit plastischer, aber auch seine Schwächen treten deutlicher hervor.

5.1.2 Diversitätsansatz und Anti-Diskriminierungs-Diskussion

Als Gegenmaßnahmen gegen eine nichtsachgerechte Ungleichbehandlung auf dem Arbeitsmarkt sind vor allem drei Konzepte entwickelt worden, die insbesondere in den Vereinigten Staaten in der Folge der Bürgerrechtsbewegung eine bedeutsame politische Rolle gespielt haben. Es handelt sich um Ansätze, die mit Mitteln des Rechts und der „Politischen Aktion" die Beschäftigungschancen von bislang eher benachteiligten Gruppen auf dem Arbeitsmarkt zu verbessern suchen.

Anti-Diskriminierungsmaßnahmen richten sich – wie das Wort schon sagt – gegen eine ungleiche Behandlung, die eine Benachteiligung oder Bevorzugung zum Ziel (intentionale Diskriminierung) oder aber auch nur zur Folge (nichtintentionale Diskriminierung) hat. Dazu werden ganz überwiegend rechtliche Mittel eingesetzt: Eine von einer staatlichen Stelle (staatliche Diskriminierung) oder von Privatpersonen bzw. sozialen Gruppen ausgehende Diskriminierung (gesellschaftliche Diskriminierung) wird unter Strafe gestellt oder aber den Betroffenen werden Klagemöglichkeiten eingeräumt. Als Beispiel für die Bundesrepublik kann hier die Regelung in §75 Abs.1 des Betriebsverfassungsgesetzes („Grundsätze für die Behandlung der Betriebsangehörigen") angeführt werden, die Arbeitgeber und Betriebsrat dazu verpflichtet, *„dass alle im Betrieb tätigen Personen nach den Grundsätzen von Recht und Billigkeit behandelt werden, insbesondere, dass jede unterschiedliche Behandlung von Personen wegen ihrer*

Abstammung, Religion, Nationalität, Herkunft, politischen oder gewerkschaftli-
chen Betätigung oder Einstellung oder wegen ihres Geschlechts unterbleibt. "
(Fitting u.a. 2010: 1007)

Maßnahmen der positiven Diskriminierung richten sich nicht so sehr gegen den
Akt der Ungleichbehandlung, sondern gegen die im Ergebnis entstandene Ungleichheit (z.b. einer Nichtberücksichtigung von bestimmten Bevölkerungs-
gruppen in Leitungspositionen). Angehörige benachteiligter Bevölkerungsgrup-
pen sollen idealerweise in allen gesellschaftlichen Bereichen und auf allen
Statusebenen entsprechend ihrem Anteil an der Bevölkerung präsent sein. Um
dies schnellstmöglich durchzusetzen, wird auf Quotierung zurückgegriffen:
(Qualifizierte) Angehörige benachteiligter Gruppen sind solange bei Einstellungen und bei Beförderungen zu bevorzugen, bis eine ihrem Bevölkerungsanteil
entsprechende Repräsentation in dem jeweiligen Sektor erreicht ist.

Maßnahmen der „Positiven Aktion" zielen weniger auf eine direkte Korrektur
der Ergebnisse, sondern auf eine Verbesserung der Startbedingungen im Wett-
bewerb um attraktive Beschäftigungsmöglichkeiten. Angehörige von benachteiligten Gruppen auf dem Arbeitsmarkt kommen in den Genuss von speziell auf
ihre Bedingungen zugeschnittenen Ausbildungs-, Vorbereitungs- und Unterstüt-
zungsprogrammen und werden z.B. besser über Bewerbungs- und Beförde-
rungsmöglichkeiten informiert.

Dieser zuletzt genannte Ansatz vermeidet den kritischen Punkt der positiven
Diskriminierungsprogramme, die in ein Spannungsverhältnis mit dem Gleichbehandlungsgrundsatz geraten und daher auf wenig Akzeptanz bei der Mehr-
heitsbevölkerung treffen. Vor dem Hintergrund des Leistungsgedankens werden
diejenigen frustriert, die aufgrund positiver Diskriminierung ignoriert werden.
Den „Gewinnern" hängt zudem schnell ein negatives Image an, so dass als unbeabsichtigter Nebeneffekt eine Tendenz zur Abwertung und Stereotypisierung
der Begünstigten („Quotenfrau", „Vorzeigemigrant") eintritt: Angehörige von
so genannten benachteiligten Gruppen werden nicht individuell als Inhaber bestimmter Kompetenzen wahrgenommen, sondern schematisch als schwach und
förderungswürdig. Positiven Diskriminierungsprogrammen wird zuweilen auch
der Nebeneffekt einer Verstärkung von Gruppenegoismen und der Zunahme von
Distanz zwischen konkurrierenden Gruppen zugeschrieben.

Eine grundsätzliche Schwierigkeit aller drei Ansätze hängt mit der Transforma-
tion des politischen Willens von der gesamtgesellschaftlichen auf die organisa-

tionale Ebene und der daraus resultierenden Intervention in den Bereich des Betriebes zusammen, gegen die sich – wenn nicht eine erfolgreiche Überzeugungsarbeit geleistet wird – häufig innerbetriebliche Widerstände und solche wiederum insbesondere bei der Mehrheits- oder Normalbelegschaft bilden. Problematisch kann auch sein, wenn solche Widerstände durch politische Korrektheitsregeln verdeckt werden, die Spannungen zwischen Gruppen sozusagen „in den Untergrund" wandern und ablehnende Haltungen nicht mehr offen („*racism with a smile on its face*") artikuliert werden (Foster 1996: 320).

5.1.3 Neuere subjektbezogene Diversitätsansätze

Die enge Bindung der älteren Diversitätsansätze an Antidiskriminierungsziele hat ihrem politischen Erfolg Grenzen gesetzt. Politischen Bemühungen um Nachteilsausgleich bei bestimmten Gruppen wurde selbst wiederum Bevorzugung und Ausgrenzung vorgeworfen. Ebenso wenig ist es gelungen, Vorurteile und Unverständnis gegenüber Mitgliedern von Minderheiten dadurch signifikant zu reduzieren.

Neuere Diversitätsansätze, die sich vor allem in den angelsächsischen Einwanderungsgesellschaften (USA, Kanada, Australien) in den 1980er Jahren herauszubilden begannen, unterscheiden sich von den älteren Ansätzen vor allem in drei Hinsichten:

1. Sie orientieren sich weniger an Gruppen und der Repräsentation ihrer Mitglieder in gesellschaftlich relevanten Organisationen, sondern setzen als Ausgangspunkt die Unterschiedlichkeit von Individuen und die daraus zwangsläufig resultierende Vielfalt von Eigenheiten und Talenten, die sich in der Belegschaft einer Organisation abbilden werden.

2. Diese vom Individuum ausgehende Interpretation von Diversität stellt weniger den Aspekt der Differenz von Gruppen und ihrer Inklusion/Exklusion heraus (vermeidet also den Diskurs der Beteiligung von Gruppen), sondern betont das notwendige Vorhandensein von Unterschieden und Gemeinsamkeiten in einer Organisation. Individuen partizipieren nach dieser Betrachtung immer an einer Vielzahl von Gruppen und sind von daher selbst zwangsläufig kulturell vielfältig. Diversität auf der Organisationsebene muss Akzeptanz für Unterschiedlichkeiten herstellen, die nicht zwangsläufig an nur eine Gruppenzugehörigkeit gekoppelt sind. Das moderne Verständnis von Diversität überwindet die Unterscheidung der „Einen" (der „Normalen") von den in irgendeiner Hinsicht (Geschlecht, kulturelle Zugehörigkeit etc.)

„Anderen" (vgl. Thomas 2001). Diversität wird nicht länger auf starre Gegensatzpaare beschränkt gesehen, sondern als „komplexe, sich ständig erneuernde Mischung von Eigenschaften, Verhaltensweisen und Talenten" (Thomas 2001: 27) verstanden. Unter dem Paradigma der Diversität geht es in Organisationen also immer darum, sowohl Differenzen zu akzeptieren als auch Gemeinsamkeiten und Anknüpfungsmöglichkeiten für Kooperation herauszuarbeiten.

3. Anstatt mit hohem Aufwand und unter fortwährender Kritik eine Gleichheit der Beteiligung herstellen zu wollen, die de facto kaum völlig erreichbar ist, wird in der neuen Diversitätsphilosophie die Unterschiedlichkeit von Menschen positiv konnotiert und aus der Human-Resource-Perspektive als produktive Ressource für Organisationen betrachtet, um die Herausforderungen einer wachsenden gesellschaftlichen Heterogenität und globaler Wirtschaftszusammenhänge erfolgreich zu meistern.

Ein weiteres Kennzeichen der neueren Diversity-Philosophie liegt darin, dass sie von einer Kongruenz bzw. einer *Harmonie zwischen (sozial-)politischen und betrieblichen Zielen* ausgeht. Diversität in der Organisation hat demnach betriebliche Vorteile und realisiert zugleich gerechtigkeitspolitische Vorstellungen. Diese Zielharmonie ist offenbar umso plausibler, je stärker eine Gesellschaft bereits von Vielfalt geprägt ist oder genauer gesagt: je stärker Diversität und ihre gesellschaftliche Bedeutung in einer Gesellschaft wahrgenommen wird.

Neuere Ansätze des Diversity-Managements knüpfen direkt an diese Philosophie an. Human-Resource-Management betont die Bedeutung des Menschen und seiner Ressourcen für die betriebliche Wertschöpfung. Diversity-Management fügt hier lediglich den Aspekt der Wertschätzung für die Unterschiedlichkeit dieser Ressourcen hinzu und wendet diese Management-Idee konsequent auf die Gesamtheit der betrieblichen Vorgänge an. Nach Stuber zählt dazu:

> *„(...) die Gesamtheit der Maßnahmen, die dazu führen, dass Unterschiedlichkeiten in und von einer Organisation anerkannt werden, wertgeschätzt und als positive Beiträge zum Erfolg genutzt werden. Es geht also um die gezielte interne und externe Berücksichtigung sowie die bewusste Einbeziehung und Förderung aller unterschiedlichen Stakeholder zur Steigerung des Erfolges eines Unternehmens oder einer Organisation."* (Stuber 2004)

Diversity-Management beinhaltet also einerseits Strategien der Personalrekrutierung, der Personalentwicklung und der Personalbindung, andererseits aber auch Bestrebungen der (Weiter-)Entwicklung von Organisationsstrukturen und -prozessen, die der Nutzung personeller Vielfalt in der Organisation dienen.

5.1.4 Subjektbezogenes Konzept von Kultur

Das subjektbezogene Diversitätskonzept korrespondiert mit modernen subjektbezogenen Konzepten von Kultur, die die Individuen als eigentliche Träger von Kultur bzw. als kulturelle Akteure sehen. Damit werden ältere Auffassungen zurückgewiesen, die Kulturen den Charakter eigenständiger Wesen oder selbsttätiger Organismen zumessen. Während in diesen älteren Konzepten das Mitglied einer Kultur häufig schematisch als deren Repräsentant oder als Pars pro Toto gesehen wird, wird Kultur nach der neueren Auffassung als Bedeutungsraum interpretiert, mit dem sich Individuen mehr oder weniger identifizieren und den sie als ihr Orientierungssystem selbst (mehr oder weniger bewusst) wählen.

Hannerz (1996: 8, 36) charakterisiert die *älteren Kulturkonzepte,* die nicht nur im öffentlichen Diskurs, sondern auch in der Wissenschaft bis in die jüngste Vergangenheit großen Einfluss hatten, durch drei Elemente:

1. Kultur wird angeeignet, gelernt und nicht etwa vererbt.

2. Kultur wird als ein kohärentes homogenes Ganzes betrachtet. Sie lässt sich nur ganzheitlich, als integriertes „Paket" erfassen und sie wird auch nur ganzheitlich angeeignet.

3. Kultur begegnet uns auch in solchen klar unterscheidbaren „Paketen", die jeweils für verschiedene Kollektive und spezifische Territorien kennzeichnend sind.

Vor allem die letzten beiden Charakterisierungen von Kultur sind angesichts des zunehmenden weltweiten Austauschs von Gütern und Personen inzwischen fraglich geworden. Wenn Bedeutungen und symbolische Formen mit zunehmender Mobilität in Fluss geraten, dann können bestimmte Orte oder Territorien nicht länger eine bestimmte homogene Kultur enthalten (die kritisierte Auffassung wurde ironisierend daher auch als „Container-Konzept von Kultur" bezeichnet). Und die Idee, dass Kulturen homogen sind (oder bleiben), verliert an Plausibilität, wenn sich Individuen in ihren Lebenswegen und Lebenserfahrungen immer stärker unterscheiden. Das Zusammenfallen einer relativ homogenen

Kultur mit einem bestimmten (Kultur-)Volk und einem klar umrissenen Territorium erweist sich als eine überholte (Wunsch-)Vorstellung des Nationalstaatsdenkens. Der Nationalstaat „denkt sich sein Volk" nur als Franzosen, Deutsche oder Engländer und strebt eine Gleichförmigkeit der kulturellen Sozialisation mit dem Ziel an, eine möglichst eindeutige kulturelle Identität zu bewirken. Nachwirkungen dieser Vorstellung finden sich auch in den Wissenschaften mit der noch häufig vertretenen Idee, eine Sozialisation in einem türkischen, marokkanischen oder surinamischen Umfeld sei zwangsläufig mit einer entsprechenden „kulturellen Identität" verknüpft. Migranten und Migrantinnen, die in einer Diaspora-Situation aufwachsen, sind hierzu der lebendige Gegenbeweis: Ihre kulturellen Identifikationen sind keineswegs eindeutig und homogen, sondern manchmal mehr, manchmal weniger mit der einen (vordergründig plausiblen) kulturellen Sozialisation kongruent. Ergänzend zeigt die Bikulturalismus-Forschung inzwischen auch deutlich, dass Kultur nicht zwangsläufig als „ganzes Paket" angeeignet wird, sondern in Teilen, die nicht unbedingt aneinander anschlussfähig sind. Personen, die im Schnittfeld (oder im Überlappungsbereich) zwischen verschiedenen Kulturen aufwachsen, können sich durchaus Widersprüchliches aneignen und je nach Kontext „switchen". Je nach Biografieverlauf und sozialem Umfeld werden sie sich auch ganz unterschiedlich kulturell positionieren.

Für das *moderne Kulturverständnis* fallen also weder Kultur und Kollektiv noch Kultur und Territorium länger zusammen.[5] Es sind vielmehr *Individuen*, die die Vorstellungen und Orientierungen einer oder mehrerer Kulturen übernehmen und in je eigener Weise internalisieren oder aber auch zurückweisen. Von den drei Elementen des alten Kulturverständnisses bleibt also nur das erste erhalten, dass Kultur gelernt wird (und wir müssen ergänzen: von Individuen sehr unterschiedlich angeeignet wird). Wenn wir zudem die Fixierung des Nationalstaatsdenkens auf die nationale Kultur verlassen und mit in den Blick nehmen, dass Personen in einer modernen Welt stets mehreren kulturellen Lebenswelten (Regionalkulturen, Organisationskulturen, Berufskulturen, Geschlechterkulturen) angehören, also im Grunde schon als moderne Individuen „plurikulturell" sind,

---

5   Bolten unterscheidet einen „primär nationalstaatlich bestimmten und in dieser Hinsicht ‚geschlossenen'" Kulturbegriff der „Ersten Moderne" von einem „ ‚offenen', individuenorientierten und weitgehend raumunabhängig gedachten Kulturbegriff" der „Zweiten Moderne" (Bolten 2004: 4).

dann erweist sich ihre Individualität u.a. auch darin, ihre ganz eigene kulturelle Positionierung zu finden. Individualität ist keine Restgröße außerhalb des Kulturbereichs. *„As she changes jobs, moves between places, and makes her choices in cultural consumption, one human being may turn out to construct a cultural repertoire which in its entirety is like nobody else's"* (Hannerz 1996: 39). Die daraus entstehende kulturelle Identität ist unter modernen Bedingungen also nichts Vorgefundenes, durch Kollektivzugehörigkeit Vorbestimmtes, sondern eine sich immer wieder neu stellende nicht abschließbare Lebensaufgabe der Selbstverortung des Individuums.

Für die interkulturelle Weiterbildung und Organisationsentwicklung folgt daraus:

1. Kultur und unterschiedliche kulturelle Prägungen sind wichtige Einflussfaktoren in einer Organisation. Die Vielfalt solcher Einflüsse wird weiter zunehmen. Aus kulturwissenschaftlicher Sicht ist jedoch weiterhin das Individuum in das Zentrum der Überlegungen und Aktivitäten zu setzen.

2. Weil Kulturen nicht homogen sind und die Individuen (und insbesondere bi- oder mehrkulturell sozialisierte) nicht einfach Vertreter einer Gruppe sind, verliert das Prinzip der Gruppenrepräsentanz seinen Sinn.

Übertragen auf die Polizei bedeutet dies, dass die Idee, Beamte und Beamtinnen aus Minderheitsgruppen oder mit Migrationshintergrund deshalb einzustellen, weil sie „ihre" Gruppe in der Polizei kulturell repräsentieren könnten, gleich in mehrfacher Hinsicht einem Fehlschluss aufsitzt:

a) Jede kulturelle Gruppe („Migranten" sind ja nicht einmal das) ist in sich kulturell derart inhomogen, dass die Idee einer Repräsentanz schon an sich verfehlt ist (der kulturelle Repräsentant ist nur ein lebendes Stereotyp).

b) Weil Individuen sich zu „ihrer" Kultur in ein je eigenes Verhältnis setzen müssen, kann der oder die Rekrutierte für die gedachte Kultur nicht nur völlig untypisch sein, sondern auch die Aufgabe „zu repräsentieren" für ihn oder sie geradezu eine persönliche Zumutung darstellen. Das Individualitätsprinzip stößt sich also massiv mit einer solchen Repräsentations- oder „Vertreter-einer-Gruppe"-Idee.

Kulturelle Diversität beginnt schon auf der Ebene des Individuums und es ist geradezu kontraproduktiv, sie auf der Organisationsebene schematisch herstellen zu wollen. Der Versuch einer Repräsentation der Kulturen auf Organisationsebene birgt die Gefahr, ein bürokratisch organisiertes „kulturelles Theater" aufzuführen, in dem Positionen mit lebenden Stereotypen besetzt werden (möglicherweise mit der dunkelhäutigen Kollegin, die in ihrem ganzen Leben nicht in Afrika war, aber die Erwartungen des Publikums an kulturelle Diversität oberflächlich bedient).

3. Die interkulturelle Weiterbildung muss die Bereitschaft und Fähigkeit vermitteln, individuell ganz eigene kulturelle Selbstverortungen bei den Kollegen und Kolleginnen zu erkennen und Unterschiede zu respektieren. Die Organisation wird also nicht nur eine Kultur der Anerkennung von Differenz entwickeln müssen, sondern auch für das Prinzip des Primats der Person und ihrer unverwechselbaren kulturellen Unterschiedlichkeit eintreten müssen. Da sich die Individuen mehrdimensional mit kulturellen Bedeutungsräumen auseinandersetzen und identifizieren, sind sie nicht nur durch die eine ihnen zugeschriebene Kultur, sondern unter anderem durch regionale, berufliche oder organisationsbezogene Sozialisationserfahrungen sowie durch sprachliche, religiöse oder genderbezogene Zugehörigkeiten und Identifikationen bestimmt. Vorgesetzte und Kollegen/Kolleginnen müssen lernen, zu differenzieren und bei der Zuschreibung von Kultureigenschaften vorsichtiger zu sein – der Kollege mit türkischem Familienhintergrund ist nicht schon deshalb gleich auch Islamexperte.

4. Eine grundlegende Herausforderung kultureller Diversität besteht für die Organisation Polizei darin, dass sie differenzierter und reflektiert mit einem Nebeneinander von Gemeinsamkeiten und Unterschieden umgehen muss. Alle Mitarbeiter/innen – ob in der Kollegen- oder in der Vorgesetztenrolle – müssen sich darauf einstellen, unterschiedlichste Gemeinsamkeiten als Anknüpfungspunkte für Vertrauen und Kooperation herauszufinden, ohne verbleibende Unterschiedlichkeiten kleinzureden oder zu missachten. Dies ist für eine Organisation, die bislang von einer selbstverständlichen Gemeinsamkeits- (bzw. Uniformitäts-)Annahme ausgegangen ist, schon eine besondere Herausforderung.

5.2 Diversität als Ziel und Bedingung für Organisationshandeln

5.2.1 Externe und interne Argumente für mehr Diversität

Die aktuelle Situation in Deutschland hinsichtlich des Umgangs mit kultureller Vielfalt scheint in mancher Hinsicht der Situation in den USA der 1970er Jahre zu entsprechen (vgl. Stuber 2004): Gruppen und Personen, die nicht zur deutsch-stämmigen Mehrheitskultur gehören, werden im gesellschaftlichen Leben immer deutlicher erkennbar. Die multikulturelle Gesellschaft ist – auch wenn von politischer Seite erst in den letzten Jahren anerkannt – vor allem in den städtischen Ballungsräumen längst zu einer Realität geworden. Darüber hinaus ist man in ganz ähnlicher Weise wie in den USA zu Zeiten der Anti-Diskriminierungsgesetzgebung mit rechtlichen Vorgaben konfrontiert. Europäische Richtlinien fordern bereits seit der Jahrtausendwende *„Gleichbehandlung ohne Unterschied der Rasse oder der ethnischen Herkunft"* (Rat der Europäischen Union 2000) und auch auf nationaler Ebene verfolgt das Allgemeine Gleichbehandlungsgesetz (AGG) inzwischen das Ziel, *„Benachteiligungen aus Gründen der Rasse oder wegen der ethnischen Herkunft, des Geschlechts, der Religion oder Weltanschauung, einer Behinderung, des Alters oder der sexuellen Identität zu verhindern oder zu beseitigen"* (AGG vom 14.08.2006).

Der Druck auf Organisationen, sich mit Diversitätsfragen auseinanderzusetzen, hat sich in den letzten Jahren enorm erhöht. Eine weitgehend homogene Belegschaft wirkt angesichts der unübersehbaren Diversität in der Gesellschaft zunehmend deplatziert bzw. legitimationsbedürftig.

Stuber nennt als organisationsexterne Gründe für mehr Diversität in Organisationen vor allem den rechtlichen, den demographischen und den soziokulturellen Wandel.

Ebene	Faktoren des Wandels	Beispiel
Rechtlicher Wandel	Bedeutungszunahme des EU-Gemeinschaftsrechts	EU-Richtlinie 2000/43/EG muss in nationales Recht umgesetzt werden
Demographischer Wandel	Demographische Alterung;	Zunahme von über 60-Jährigen;
	„Multikulturalisierung"	Zunahme der Bevölkerung mit Migrationshintergrund bzw. mit anderen kulturellen Orientierungen
Sozialer Wandel	Individualisierung	Zunahme „unkonventioneller" Lebensformen (Patchwork-Familien, nichtehelicher Lebensgemeinschaften) oder unterschiedlicher Lebensstile

Abb. 7: Organisationsexterne Gründe für eine Zunahme von Diversität

Neben diesen äußeren Entwicklungen, die die Notwendigkeit von Diversitäts-konzepten unterstreichen, gibt es auch Argumente, die es aus der inneren Logik des Betriebes sinnvoll erscheinen lassen, Diversität stärker zu berücksichtigen.

Im Einzelnen werden folgende fünf Argumente für eine stärkere Berücksichtigung von Diversität in Organisationen bzw. für die Entwicklung einer Diversity-Strategie genannt (Cox & Blake 1991):

Das Kosten-Argument

Berücksichtigung von Diversität kann die betrieblichen Kosten von Gruppen-konflikten, gescheiterten Laufbahnen und höherer Fluktuation von Mitarbeitern senken.

Das Personalbeschaffungs-Argument

Organisationen, die einen schlechten Ruf bei Minderheitsgruppen haben, werden langfristig bei der Personalbeschaffung Nachteile haben.

Das Marketing-Argument

Organisationen, die Diversität berücksichtigen, können besser auf die Wünsche einer Kundschaft mit unterschiedlicher Kulturzugehörigkeit eingehen. Das beginnt mit der Entwicklung entsprechender Produkte und Dienstleistungen, bezieht aber auch eine entsprechende Ansprache und Betreuung der Kundschaft mit ein.

Das Kreativitäts- und Problemlösungs-Argument

Die Würdigung von Unterschiedlichkeit und die Eröffnung unterschiedlicher Perspektiven setzt Kreativität frei, die bei einer strikten Orientierung am Typus des Normalarbeitnehmers dem Betrieb verloren gegangen wäre. Entscheidungen können auf ein breiteres Reservoir an Ideen und Problemlösungen zurückgreifen.

Das Systemflexibilitäts-Argument

In Zeiten großer Umweltveränderungen können Organisationen mit hoher Diversität flexibler reagieren.

5.2.2 Organisationen und ihr Umgang mit Diversität

Cox (1993: 45-56) hat in einer Studie versucht, Typisierungen für die Umgangsweise von Organisationen mit Diversität zu bilden. Er unterscheidet die *„Monolithische"*, die *„Pluralistische"* und die *„Multikulturelle Organisation"*, die sich hinsichtlich der Akzeptanz unterschiedlicher Kulturen, der Integration von Minderheitsangehörigen in den Betrieb, des Ausmaßes von kulturellen Verzerrungen im Human-Resource-Management und der Intergruppendistanz bzw. der Intergruppenkonflikte unterscheiden. Dabei ist nach Cox die Multikulturelle Organisation vor dem Hintergrund seiner Diversitätsphilosophie zwangsläufig das Ideal. Von dieser Grundidee und ihrer Darstellung in einer tabellarischen Übersicht bei Blom & Meier (2002: 259) ausgehend, unterscheiden wir im Folgenden (ganz bewusst mit einer etwas anderen sprachlichen Abgrenzung arbeitend) zunächst die „Monokulturelle" und die „Multikulturelle Organisation".

	Mono-kulturelle Organisation	Multi-kulturelle Organisation	Diversity-Organisation	Inter-kulturelle Organisation
Kultur	Dominanz einer Kultur	Dominanz einer Kultur	Pluralismus der Kulturen	Austausch zwischen Kulturen
Umgang mit Diversität	Diversität wird geleugnet	Diversität wird toleriert	Diversität als positiver Wert	Diversität als Normalität
Anpassung	Assimilation wird erwartet	Assimilation wird erwartet	Assimilation wird nicht erwartet	Interkulturelle Kompetenz wird erwartet
Gruppendistanz	unterschwellig	erheblich	minimal	schwach

Abb. 8: Umgang mit Diversität: vier Organisationstypen

Die „*Monokulturelle Organisation*" hat bestenfalls vereinzelte Angehörige aus fremden Kulturen beschäftigt, allerdings nur in untergeordneten Positionen (das Küchenpersonal in der Kantine ist vielleicht italienischer Herkunft); das Problem der kulturellen Unterschiedlichkeit spielt hier gar keine Rolle – fraglos wird von einer Kultur ausgegangen.

Schwarz-Wölzl & Maad (2004) erklären das Festhalten an Monokulturellen Organisationen mit Homogenisierungsstrategien in der Personalpolitik von Organisationen. Die Vorstellung sei lange Zeit leitend gewesen, dass Personalpotenziale nur dann voll ausgeschöpft werden könnten, wenn die Beschäftigten sich mit der Organisation weitestgehend identifizieren könnten. Dies sei durch Selektion der „passenden" Beschäftigten, ihre „Einsozialisation" in die Organisationskultur und die letztendlich entstandene kulturelle Homogenität befördert worden.

> *„Monokulturell bedeutet hier, dass eine dominante Gruppe (weiße, hochqualifizierte Männer im Alter zwischen 30–40 Jahren, mit der jeweiligen Landessprache als Muttersprache) die Werte, Normen und Regeln für alle Mitarbeiter/innen bestimmt und die Mehrzahl der Führungspositionen besetzt. Anders zu sein, sei es durch demographische Attribute, Wertvorstellungen, Überzeugungen, Kompetenzen etc., war gleichbedeutend damit, Defizite zu haben."* (Schwarz-Wölzl & Maad 2004: 27)

Die „*Multikulturelle Organisation"* ist zwar schon ein Ort, an dem eine größere Anzahl von Migranten beschäftigt sind, allerdings überwiegend als Arbeiterinnen und Arbeiter, z.B. in der Montageabteilung eines großen Automobilwerkes, während das Management überwiegend deutscher Herkunft ist. Von den Beschäftigten mit Migrationshintergrund wird aufgrund einer bestimmten Gastarbeitertradition im Betrieb selbstverständlich Anpassung an die dominierende „Gastgeber"-Kultur erwartet; das Multikulturelle besteht vor allem in einem geregelten Nebeneinander verschiedener Kulturen.

Mit der „*Diversity-Organisation"* wird das Idealbild einer Organisation beschrieben, die unterschiedliche kulturelle Hintergründe, aber auch andere Abweichungen vom Homogenitätsbild positiv als Chance umdeutet und den Angehörigen von Minderheitsgruppen volle Integration in die Organisation bietet.

Das Idealbild der „*Interkulturellen Organisation"* ist demgegenüber etwas „erdnäher". Diversität ist normal, aber nicht positiv überhöht, weil sie sowohl betriebliche Chancen als auch Schwierigkeiten mit sich bringt.

Diese Gegenüberstellung hat – wie schon betont – modellhaft-idealtypischen Charakter. Amerikanische Handbücher zum Diversity-Management erwecken allerdings oft den Eindruck, dass es angesichts der Zunahme an Diversität in der gesellschaftlichen Umwelt des Betriebs eine gewisse Zwangsläufigkeit gibt, von der (unzureichenden) Monokulturellen Organisation zur (idealen) Diversity-Organisation emporzusteigen. Diese Stufenvorstellung ist aus wissenschaftlicher Sicht nicht sehr befriedigend. Hier interessieren vielmehr Analysen, unter welchen Bedingungen und in welchen Konstellationen welche Art von Organisation aus der Diversität ihres Personals Nutzen ziehen kann.

5.2.3 Effektive und ineffektive Diversität

Nach Nancy Adlers Überlegungen sind es vor allem drei Bereiche von Einflussfaktoren, die eine zunehmende kulturelle Diversität eher günstig oder eher ungünstig in einer Organisation wirken lassen: Erstens spielt die Art der Aufgabenstellungen in der Organisation eine Rolle; zweitens ist es von Bedeutung, ob sich Arbeitsgruppen erst neu finden müssen oder schon längere Zeit zusammenarbeiten; und drittens ist die Qualität des Managements von Diversität entscheidend (Adler 2002). Kulturelle Diversität bietet offenbar die größten Effektivitätsgewinne in Organisationen, die zur Bewältigung ihrer Hauptaufgaben Originalität und innovative Ideen benötigen. Stark in Einzelschritte zerlegte Arbeitsprozesse, die eher mechanischen Charakter haben und in denen Mitarbeiter/innen vorwiegend Routineverhalten an den Tag legen müssen, scheinen eher ungünstige Bedingungen für Diversität darzustellen (vgl. Becker 2006: 13). Divers zusammengesetzte Teams zeigen ihre Stärken zudem eher in einer (späteren) Phase des Teamentwicklungsprozesses (in der Phase der Problemanalyse und Ideenentwicklung) als in der Einstiegs- und Teamfindungsphase, in der Differenzen zwischen den Mitarbeiterinnen und Mitarbeitern den notwendigen Vertrauensbildungsprozess erschweren können. Podsiadlowski (2002: 258) bestätigt diesen Befund und erklärt ihn mit der Annahme, *„dass die multikulturellen Arbeitsgruppen länger zur Konsensfindung und zum Kennenlernen brauchen und längere Phasen des Formings und Stormings nach Tuckman (1965) durchlaufen, so dass sie erst zu einem späteren Zeitpunkt monokulturelle Arbeitsgruppen überflügeln können."*

Interessant ist, dass Adler auch zusätzliche Nebenbedingungen ins Spiel bringt, die realisiert sein müssen, damit Diversität von Vorteil ist: Anerkennung und Nicht-Ignorieren von Differenzen in der Organisation, Auswahl der Mitarbeiter/innen nach Fähigkeit und nicht nach Minderheitenzugehörigkeit und schließlich eine Einigung auf übergeordnete (Organisations-)Ziele. Dahinter steht die Auffassung, dass Diversität unter bestimmten Voraussetzungen zum Wohl der Organisation ein breiteres Spektrum von Perspektiven, Ideen und Talenten zum Zuge kommen lässt, dass aber andererseits auch problematische Aspekte der Diversität beherrscht werden müssen, die vor allem in einem geringeren Ausmaß an Kohäsion bestehen und sich in Befremdungsreaktionen, Misstrauen, Fehlkommunikation und Stress äußern. Damit bewegt sich Adler in ihrer Analyse in Richtung der Annahmen und Zielvorstellungen der Interkulturellen Organisation.

	Effektive Diversität	Ineffektive Diversität
Art der Aufgaben	Innovation	Routine
Teambildungsphase	Spät: Problemanalyse und Ideenproduktion	Früh: Einstieg und Teamfindung
Weitere Nebenbedingungen	• (An-)Erkennen von Unterschieden • Mitarbeiterselektion auf Grundlage von Fähigkeiten • Wechselseitiger Respekt • Übergeordnete Ziele	• Übergehen von Unterschieden • Mitarbeiterselektion auf Grundlage von Kulturzugehörigkeit • Ethnozentrismus • Individuelle Ziele

Abb. 9: Einflussfaktoren auf die Effektivität von kultureller Diversität

5.2.4 Formulierung einer realistischen Diversitätsstrategie

Aus den Überlegungen von Adler folgt, dass Diversität – auch wenn sie grundsätzlich aus politischen Gründen begrüßenswert ist – im Hinblick auf konkrete Auswirkungen für die Organisation beurteilt werden muss. Hierzu ist eine nüchterne und differenzierte Situationsanalyse und eine Bewertung hinsichtlich der zu erwartenden diversitätsbedingten Vorteile, aber auch der zusätzlichen Belastungen im Organisationsalltag erforderlich. Auf dieser Basis kann dann eine für die ganze Organisation zutreffende oder auch eine abteilungsbezogen ausgerichtete Diversitätsstrategie entwickelt werden. Die Erfassung diversitätsbezogener Potenziale und Belastungen erfordert ein systematisches Vorgehen, das zumindest die folgenden Aspekte beinhalten muss (vgl. Schröer 2007: 29):

Bestandsaufnahmen: Wie diversitätsoffen ist bereits das Organisationsklima? Wieviel kulturelle Diversität besteht in welchen Bereichen der Organisation? Wie funktioniert aktuell das interkulturelle Zusammenspiel im beruflichen Alltag?

Zielklärungen: Welche „Diversitätsphilosophie" strebt die Organisation an? Im Hinblick auf (bestehende oder zukünftige) Aufgaben und Zielsetzungen, aber auch mit Blick auf Kunden- bzw. Zielgruppen ist zu formulieren, ob und wenn ja, in welcher Hinsicht und in welchen Bereichen eine Ausweitung der kulturellen Diversität des Personals angestrebt wird.

Strategieentscheidungen: Unter Abwägung der erforderlichen Kosten und Nutzen ist dann zu entscheiden, wie viel Aufwand (Ressourcen, Zeit) für die Realisierung welcher strategischen Maßnahmen bzw. Maßnahmenpakete betrieben werden soll und wie Erfolge bzw. Misserfolge gemessen werden sollen.

Ein solches Vorgehen trägt nicht nur dazu bei, Potenziale zu nutzen und Reibungsverluste zu verhindern – auf diese Weise wird auch die Akzeptanz kultureller Diversität in der Organisation gefördert, weil die Thematik aus dem Fokus mikropolitischer Auseinandersetzung gezogen wird. Wenn sich kulturelle Diversität im Organisationsalltag als förderlich für die Mitarbeiter/innen, für die Teamarbeit und die gesamte Organisation erweist, wird kulturelle Vielfalt viel eher als normales und selbstverständliches Phänomen betrachtet – was sich auf Dauer als entscheidend für die Entwicklung einer diversitätsoffenen Alltagskultur der Organisation erweisen dürfte.

5.3 Diversität als besondere Herausforderung für die Polizei

5.3.1 Organisationskulturell bedingte Widerstände in der Polizei

Dass kulturelle Diversität in der Polizei auf skeptische, zuweilen auch auf geradezu aversive Reaktionen trifft, hat mit einem althergebrachten polizeilichen Selbstverständnis zu tun: Die aktuelle Anforderung, mehr kulturelle Diversität zuzulassen, tritt in ein Spannungsverhältnis zu traditionellen Selbstbildern der Organisation. Diese Bilder betreffen die Selbstwahrnehmung

a) als deutsche Polizei,

b) als kulturhomogene, auf Gleichheitsgrundsätze festgelegte Organisation und

c) als gewachsene Gefahrengemeinschaft.

Während der zuerst genannte Aspekt das politische Anerkennungsproblem anspricht, das sich seit der Wende der deutschen Migrationspolitik hin zu einer Akzeptanz des Status eines Einwanderungslandes mehr und mehr abzuschwächen scheint, sind die Aspekte „Gleichheitskultur" und „Gefahrengemeinschaft" tiefgreifende organisationskulturelle Besonderheiten, die auch langfristig in der Organisation weiterhin von Bedeutung sein werden.

Wie das Thema *deutsche Polizei und ausländische Kolleginnen und Kollegen* (bzw. neuerdings *Kolleginnen und Kollegen mit Migrationshintergrund*) in der Organisation gesehen wird, erschließt sich recht plastisch, wenn man die Diskussion seitens der gewerkschaftlichen Interessenvertretungen in deren Presseorganen verfolgt (vgl. Wüller 2010: 157–176). Der Diskurs gliedert sich im Grunde in drei Themenkreise, die aufeinander ausstrahlen (vgl. ebd.: 163):

a) Politische oder gesellschaftspolitische Problemlagen, die durch Zuwanderung und ihre Folgen entstanden sind und die verkürzt schnell als „Ausländerproblem" bezeichnet werden;

b) das Problem des „ausländischen" polizeilichen Gegenübers (sei es als Täter oder als Opfer); und schließlich

c) die Frage einer möglichen Kollegenschaft mit „Ausländern" oder Personen mit Migrationshintergrund, eine Frage, die man von den ersten zwei Themen nicht so recht trennen kann oder will.

Wüller hält als Tenor der äußerst emotionalen Diskussion bis Ende der 1990er Jahre fest, dass ein großer Teil der Beamtenschaft kritisch gegenüber einer zu liberalen Zuwanderungspolitik eingestellt ist und sich mit Themenkreis (2) notorisch überfordert und „*von der Politik allein gelassen*" fühlt (hierzu und zum Folgenden: ebd. 163-168). Themenkreis (3) wird vor diesem Hintergrund nicht als Unterstützungsmöglichkeit, sondern als zusätzliche Komplikation betrachtet: Bis zur Jahrtausendwende werden in den einschlägigen Zeitschriften („Polizeispiegel", „Deutsche Polizei", „Der Kriminalist") vehement Vorbehalte gegen die Einstellung von „Ausländern" bzw. „Migranten" diskutiert und durch verfassungsrechtliche bzw. beamtenrechtliche Einwände untermauert. Eine abgewogenere und in Ansätzen positive Diskussion und eine differenziertere Berücksichtigung des Status „*deutsche Staatsbürger/innen mit Migrationshintergrund*" kommen erst seit etwa 5 bis 8 Jahren zustande. Erkennbar wird jedenfalls, dass es einer gewissen gedanklichen und emotionalen Flexibilität bedarf (die vor allem ältere Beamte nicht immer aufbringen wollen), Migranten/Migrantinnen, die in der Vergangenheit als „Polizeiliches Gegenüber" Gegenstand stereotypisierender Wahrnehmungen und Attributionen waren, plötzlich als gesuchte Personalressource in der Organisation und als loyale Kolleginnen und Kollegen zu sehen. Kanadische und niederländische Untersuchungen zeigen, dass nicht nur individuelles Umdenken, sondern begleitend dazu ein schrittweiser Wandel der Organisationskultur erforderlich ist. Mehr Diversität in der Organisation ist im Alltag nur lebbar, wenn die Kollegenschaft in ihrer kulturellen

Differenzierungsfähigkeit und im Verzicht auf Schablonen-Denken laufend gestärkt und gefördert wird.

Behr hat in verschiedenen Veröffentlichungen die vom Diversitätskonzept ausgehende Zumutung, *„Verschiedenheit als Normalität und Gleichheit als Ausnahme zu denken"* (Behr 2010: 146), auf das bürokratische Organisationsmodell im Max Weberschen Sinne bezogen, das Objektivität, Regelhaftigkeit und Berechenbarkeit durch *Gleichheits- und Gleichbehandlungsgrundsätze* zu erzeugen versucht. Die Grundanforderung an die Polizei besteht darin, eine Vielfalt kontingenter Fälle gleichförmig zu bearbeiten und dadurch in erwartbare Ergebnisse zu transformieren:

> *„Das ‚Produkt' der Polizei muss eben (....) für alle Bürger gleich angemessen sein. In der Polizei müssen möglichst viele Bedienstete zur gleichen oder einer ähnlichen Entscheidung kommen, wenn sie demselben Sachverhalt begegnen. Die Polizei will und muss sich ja geradezu den Vorwurf von Ungleichbehandlung, Willkür, Intransparenz ersparen "* (Behr 2010: 148)

Diese Gleichheitserwartung auf der Leistungsebene hat die Polizei traditionell durch eine Gleichheitskultur im Binnenraum der Organisation, also durch eine gewisse Homogenisierung ihres Personals zu sichern versucht. Homogenität des Personals wird durch eine für alle gleiche Selektion (Einheitlichkeit der Auswahl), Enkulturation („Ein-Nordung" auf gleiche Grundorientierungen) sowie gleichförmige Karrieremöglichkeiten (Einheitslaufbahn) angestrebt.

> *„Anders als beispielsweise bei den Ford-Werken oder bei Volkswagen werden alle Bewerber und Bewerberinnen für die Polizei dem gleichen Einstellungstest unterzogen. Das Berufsbild des Polizeibeamten und die traditionelle Laufbahnpolitik verringert die berufliche Varianz in der Startphase nach wie vor erheblich. Es gibt keine Unterscheidung in eher technische oder eher kaufmännische Berufszweige, in administrative oder manageriale Karrieren. Alle fangen unten an, und alle können später prinzipiell alles werden. Der in den meisten Bundesländern nach wie vor gültige Modus der Einheitslaufbahn sorgt dafür, dass jeder Bewerber prinzipiell alle Positionen in der Organisation erreichen kann. In der Realität der Organisation ist das natürlich unmöglich, aber die Orientierung der Aufstiegschancen an ‚Leistung, Eignung und Befähigung' suggeriert, dass es vom einzelnen abhängt, was er erreichen kann und*

nicht etwa die Leitungsebene vorgibt, wen sie wo haben will." (Behr 2010: 150)

Es ist nicht weiter überraschend, dass die Uniformität der äußeren Erscheinung und des Auftretens in der Öffentlichkeit sowie die eingeübte Gleichförmigkeit des Verhaltens aus der Innenperspektive der Organisation *Vorstellungen von Gemeinschaft und Zusammengehörigkeit* fördern. Aus der potenziellen *Gefährlichkeit von polizeilichen Interventionen* – im beruflichen Alltag eigentlich weniger präsent als in den überhöhten Vorstellungen von „eigentlicher" Polizeiarbeit – resultiert zusätzlich ein starker Anreiz, die Werte des Füreinander-Einstehens, der Zuverlässigkeit, der Loyalität und Solidarität besonders zu betonen. In diesem Klima von Wir-Gefühlen kollidiert das Bedürfnis der Beamtinnen und Beamten, sich in einer Gruppenkultur beheimatet zu fühlen, mit der eher rationalen Botschaft, dass in der Truppe inzwischen eine Fülle von Fremdheitsaspekten wirksam sind. Ein großer Teil der „Kollegen" – das sind vor allem die, *„die die Organisation eher als Familie begreifen und die das Wort Kollege in erster Linie als Ausdruck der gemeinsamen Bindung gebrauchen"* (Behr 2010: 155) – reagieren auf eine zu forcierte Diversitätsbegeisterung mit Zurückhaltung, weil sie eh schon das Gefühl haben, dass dieser Binnenraum der Gemeinsamkeit angesichts der immer stärker werdenden Unterschiede in der privaten Lebenswelt der Kolleginnen und Kollegen zu erodieren beginnt.

Historisch nimmt dieses Spannungsverhältnis weiter zu, da gesellschaftliche Entwicklungen des Zerbröselns von sozialen Milieus und der zunehmenden Individualisierung zu einem immer stärkeren Auseinanderfallen von privater Lebenswelt der Mitarbeiter/innen der Polizei und der in der Organisation herrschenden Kultur führen. Die in der Organisation noch zelebrierte Gemeinschaft (durch gemeinsame Witze, Rituale, Feiern) deckt einen immer kleineren Teil der gesamten Lebenswelt ihrer Mitglieder ab, wobei das der eine Teil der Belegschaft noch bedauert, ein wachsender Teil aber schon nicht mehr. Man könnte den Eindruck gewinnen: Es wissen zwar alle, dass diese gemeinsame Welt der fraglosen Gemeinschaft schon verloren gegangen ist; der Mythos einer solchen Truppe mit starken Ähnlichkeitsanforderungen soll gleichwohl aber aufrecht erhalten bzw. nicht dementiert werden. In der Alltagspraxis kann das zum einen durch die praktizierte Loyalität und ein gemeinsames Anpacken der Aufgaben ausgeblendet werden. Gleichzeitig muss aber wohl zum anderen in der Kommunikation durch Witzeln und Frotzeln ständig das Thema Gemeinsamkeit oder Nicht-Gemeinsamkeit bearbeitet werden. Deshalb ist jegliche Abweichung von der Normalität Anlass für kleinere Sticheleien; sowohl die Vegetarierin als auch der Liebhaber klassischer Musik ist dem ausgesetzt.

Generell haben es diejenigen in der Organisation leichter, die Gruppennormen eher akzeptieren und eine gewisse Bereitschaft zeigen, besondere individuelle Neigungen und Vorstellungen nicht zu sehr in den Vordergrund zu stellen. Das Spannungsverhältnis zwischen Gemeinschaftsgeist und Subjektivität wird in der Polizei vor allem dadurch gelöst, dass Ansprüche, individuelle Eigenheiten in der Truppe auszuleben, kaum artikuliert bzw. von vornherein etwas zurückgenommen werden. Deshalb kann im Gegenzug auch leicht behauptet werden, dass die Polizei als Organisation gegenüber allem Möglichen Toleranz zeigt. Der Umstand, dass bei der Auswahl des Personals die Einschätzung der Praxis eine wichtige Rolle spielt (im Auswahl-Assessment werden Beamte aus den großen Polizeipräsidien als so genannte „Rater" eingesetzt), wirkt hier ebenfalls in Richtung Perpetuierung einer Gemeinschaftskultur.

> *„Diejenigen, die den Zugang zur Organisation geschafft haben, definieren sich durch ihre prinzipielle Gleichheit (mindestens Ähnlichkeit), d.h. sie betonen das Gemeinsame, nicht das Trennende. Zugespitzt gesagt, weist eine solche Organisation an der Pforte (d.h. im Auswahlverfahren) die Vielfalt ab und lässt nur die Kandidaten ein, die sich zur Assimilation eignen oder zumindest die hegemonialen Regeln nicht infrage stellen."*
> (Behr 2010: 149)

Daher schaffen aus der Schicht der Zuwanderer/Zuwanderinnen möglicherweise diejenigen leichter die Aufnahme in den Polizeidienst, denen die Erfüllung von Assimilationsanforderungen gut gelingt.

5.3.2 Kulturelle Diversität als Fortbildungsthema in der Polizei

Neben diesen „Empfindlichkeiten" (Behr 2010: 148) oder Widerständen, die sich auf die *Inhalte einer Diversitätsstrategie* beziehen, stoßen Versuche, das Diversitätsthema über neue Workshops ins Bewusstsein der Organisation zu rücken, auch auf *prozessuale Schwierigkeiten*, die zum Teil systemisch, zum Teil organisationskulturell bedingt sind.

Als *innovatives Zukunftsthema*, von dem sich viele Behörden auch deshalb noch gedanklich distanzieren können, weil es sich in der Struktur ihrer Mitarbeiterschaft bislang noch nicht so deutlich abbildet, steht das Thema kulturelle Diversität in einem gewissen Spannungsverhältnis zu dem in der Organisation üblichen Pragmatismus, der dazu anhält, sich zunächst mit den *alltagspraktisch drängenden Fragen* (und das dann auch nur in möglichst lösungsorientierter Herangehensweise) zu beschäftigen. Widerstand entsteht hier zum einen über den Gegensatz zwischen Dringlichkeit und Zukunftsorientierung und zum anderen über den zwischen einer eher reflektierenden und einer unmittelbar auf praktische Lösungen gerichteten Orientierung. Ein weiteres Spannungsfeld entsteht dadurch, dass das Diversitätsthema in hohem Maße innovatives und kreatives Denken verlangt, im Rahmen einer Behördenkultur dagegen der Akzent eher auf der Befolgung von Regeln und dem Einhalten von Standards liegt.

Solche Zielkonflikte und Ambivalenzen verstärken sich bei der Ansprache von Führungskräften, für die es grundsätzlich schon schwierig ist, sich von ihren Alltagsverpflichtungen für eine Fortbildung freizumachen und die sich dann verstärkt unter Druck fühlen, auch unmittelbar alltagsrelevantes *Lösungswissen* aus einer solchen Fortbildung mit nach Hause zu bringen.

Fortbildungsangebote zum Thema kulturelle Diversität in der Organisation setzen die Teilnehmer/innen schließlich ganz bewusst ungewohnten Ambivalenzgefühlen und Irritationen aus. Interkulturelle Lerneffekte stellen sich oft nur ein, wenn gewohnte Perspektiven infrage gestellt werden. Damit tangieren solche Seminare nicht nur punktuell die „Wohlfühl- oder Komfortzone" der Teilnehmer/innen. Für eine nach klassischen bildungsökonomischen Zielsetzungen funktionierende Fortbildung, die auf ihre Auslastungszahlen und auf positive Rückmeldungen der Teilnehmer/innen achten muss, entstehen daraus völlig ungewohnte Konflikte.

5.3.3 Entwicklung einer polizeispezifischen Diversitätsstrategie

Die Polizei steht mit ihrer relativ homogenen Beschäftigtenstruktur angesichts einer zunehmend bunter werdenden gesellschaftlichen Umwelt unter wachsendem Rechtfertigungsdruck. Kann ausgerechnet sie als Verwalterin des Gewaltmonopols sich der insgesamt zunehmenden Diversität entziehen und mit welchen Argumenten könnte sie das legitimieren? Vor allem aus der Organisationsberatungszunft werden die oben (Kap. 5.2.1) zitierten Begründungen für mehr Diversität als „schlagende Argumente" angesehen, die für jede Organisation zutreffend sind. Die bislang eher „reservierten Reaktionen" aus der Polizei haben offenbar damit zu tun, dass hier Besonderheiten der Organisation Polizei gesehen werden, die zu einer differenzierten Abwägung dieser Argumente zwingen.

Für das *Inklusions-Argument* spricht zweifellos, dass eine verstärkte Einstellung von Beamten/Beamtinnen aus kulturellen Minderheiten aufgrund der herausgehobenen gesellschaftlichen Rolle der Polizei ein ernst zu nehmender Beitrag zur gesellschaftlichen Integration darstellen kann. Allerdings führt eine zu starke Verfolgung gesamtgesellschaftlich bedeutsamer gerechtigkeitspolitischer Erwägungen in Zielkonflikte mit dem Leistungs- und Funktionalitätsprinzip, auf das sich die Organisation verpflichtet sieht.[6]

Eng verwandt mit dem Inklusions-Argument ist das *„Spiegel-der-Gesellschaft"*- oder *Repräsentanz-Argument*: Die Polizei sollte Personal aus allen gesellschaftlichen Schichten beschäftigen, also „irgendwie" auch ein Spiegelbild der Gesellschaft sein. Das Argument ist verführerisch, aber letztlich führt es doch in die Irre: Die Polizei muss aufgrund ihrer Funktion ihr Personal selektiv auswählen; insofern werden zum Beispiel Personen aus bildungsfernen Schichten oder Personen mit körperlichen Einschränkungen zwangsläufig unterrepräsentiert sein. Allerdings lässt sich mit dieser Argumentation nicht plausibel machen, dass Angehörige bestimmter kultureller Gruppen nicht in der Organisation „repräsentiert" sind. In der Tat muss der Grundsatz verwirklicht werden, dass alle Sprach- und Kulturgruppen in der Gesellschaft gleiche Zugangschancen zur Organisation Polizei haben. Aber das Chancengleichheits-Ziel ist etwas anders als das Ziel der Repräsentanz und der gesteuerten Inklusion von kulturellen Gruppen. Es ist auch ein ganz wesentlicher Unterschied, ob diese Gruppenrepräsentanz Ziel an sich ist oder nur deshalb angestrebt wird, um faire Behandlung von Minderheitsgruppen durch die Organisation Polizei zu gewährleisten. Analysiert man diese Zusammenhänge konsequent, dann wird deutlich, dass eine schematische Herstellung von Gruppenproporz und eine Förderung der interkulturellen Sensibilität des Personals durch entsprechende Auswahl- und

---

6 Natürlich können prinzipiell auch auf der Organisationsebene – entweder im Auftrag der politischen Ebene oder auch aus eigenen gerechtigkeitspolitischen Erwägungen – Inklusionsziele verfolgt werden. Eine Freizeitgruppe von Basketballern kann z.B. ganz bewusst auf Inklusion setzen. Ein professionelles Team würde sich damit aber in Gegensatz zu Leistungs- und Wettbewerbszielen setzen.

Schulungsmaßnahmen zwei voneinander unabhängige Strategien sind, die sich ergänzen, aber nicht unbedingt ersetzen können.

Das Diversitätsziel als personal-strukturelles Problem zu interpretieren, ist auch deshalb attraktiv, weil sich Veränderungen in der Organisation durch politische Vorgaben und durch die Einräumung von Rechten relativ schnell (top down) durchsetzen ließen. Solche Vorstellungen haben über eine gewisse Zeit die Politik in Kanada und in den Niederlanden beeinflusst. So wurde in den Niederlanden noch vor wenigen Jahren die Besetzung der Leitungspositionen in den Polizeipräsidien nach Diversitätsgesichtspunkten quotiert. Vorteilhaft erscheint, dass der Top-down-Ansatz schnell Fakten in der Organisation schafft; er bietet sich insbesondere auch für eine bürokratische Organisationskultur an, die auf hierarchische, klare und standardisierte Maßnahmen setzt. Probleme werden sichtbar, wenn die Frage nach der Organisationskultur und ihrer notwendigen Veränderung gestellt wird. Eine bloße Veränderung der Gruppenproportionen sichert an sich kein produktives Miteinander der Mitarbeiter/innen in der Organisation. Das Repräsentationsideal macht vielmehr Gruppenzugehörigkeiten und Gruppeninteressen in der Organisation noch bedeutsamer, so dass die Artikulation von Gruppenansprüchen und Konkurrenzkonstellationen gefördert wird. In der britischen Polizei gibt es inzwischen Gewerkschaftsorganisationen für fast jede ethnische oder kulturelle Minderheit mit der Folge einer gewissen Tendenz zu einer ethnischen „Versäulung" in der Organisation. Zugeschriebene Zugehörigkeiten zu Gruppen sind plötzlich für die Akzeptanz in der Organisation oder für Beförderungsentscheidungen wichtig. Auch kanadische Erfahrungen sprechen dafür, dass eine zu starke Berücksichtigung von Inklusionsgesichtspunkten paradoxerweise die Gruppenkonkurrenz fördert und die Artikulation von Gruppen-Anspruchshaltungen herausfordert. In der Organisation entsteht zudem auch Widerstand, wenn ein Konflikt mit dem Leistungsprinzip offenkundig wird. Bürokratische Steuerungsverfahren (wie Quotierung oder Personalschlüssel) werden von der Stammbelegschaft, aber meist auch von den anvisierten kulturellen Minderheiten wegen des drohenden negativen Quoten-Images abgelehnt.

Das *Rekrutierungsargument* ist im Grunde selbsterklärend: Der als Personal infrage kommende Personenkreis wird erweitert. Das hört sich angesichts der durch den demographischen Wandel zu erwartenden neuen Knappheit an Nachwuchskräften zunächst uneingeschränkt positiv an. Die Tücken werden erst bei längerfristiger Betrachtung deutlich. Die kanadische und auch die niederländische Polizei hatten zunächst große Erfolge bei der Rekrutierung kultureller bzw.

sprachlicher Minderheiten zu verzeichnen. Als prekär kann sich jedoch erweisen, wenn Rekrutierungserfolge nicht nachhaltig sind und das gewonnene Mitarbeiterpotenzial von der Organisation wieder abgestoßen wird. Solche Abstoßungsreaktionen können von Spannungen zwischen den kulturellen Gruppen, von einer nicht gelungenen Teamzusammenarbeit oder auch von ausbleibenden Aufstiegsmöglichkeiten ausgehen. Wenn also nicht dauerhaft Arbeitszufriedenheit erreicht werden kann, entsteht ein Drehtüreffekt, der hohe Kosten verursacht. Das Rekrutierungsargument setzt also bestimmte Bedingungen in der Organisation voraus, die nicht unbedingt zeitgleich mit der Rekrutierung des Personals vorhanden sind.

Ein erwähnenswertes Zugangshindernis bei der Rekrutierung eines kulturell unterschiedlichen Personals kann in der Ausgestaltung der Auswahlverfahren liegen. Die Auswahlverfahren sind meist in einer Zeit entwickelt worden, in der ein bestimmter Typus von Bewerberinnen und Bewerbern so vorherrschend war, dass man auf mögliche Verzerrungseffekte bei einem in sich sehr unterschiedlichen Bewerberkreis kaum zu achten brauchte.[7]

Das *Produktivitätsargument* verspricht, dass Organisationen von heterogen zusammengesetzten Teams mehr Kreativität und bessere Problemlösungen erwarten können. Die Frage ist natürlich, ob eine zunehmende Unterschiedlichkeit in der Organisation nicht nur positiv wirksame Vielfalt, sondern auch hemmende Friktionen und Verwerfungen mit sich bringt. Entgegen einer solch abwägenden Betrachtung neigen US-amerikanische Diversity-Ratgeber dazu, eine eher harmonisierende „Ideologie der befruchtenden Vielfalt" zu verkünden und die möglicherweise auf die Organisation zukommenden Spannungen kleinzureden. Um die Akzeptanz solcher Diversitätsprojekte zu steigern, wird meist auf „Awareness-Trainings" (oder für alle Betriebsmitglieder verpflichtende „Briefings") gesetzt, die dem Personal die Vorteile von Diversität nahe bringen und auf die Ziele der betrieblichen Diversitätspolitik verpflichten sollen. In der deutschen Polizei würde ein solcher Management-Ansatz derzeit auf besondere Skepsis stoßen: Die Einführung betriebswirtschaftlich orientierter Reformvorhaben (Stichwort „New Public Management") ist noch zu gut in Erinnerung. Sie

---

7   Siehe dazu das von 2012 bis 2014 laufende Folgeprojekt zwischen dem LAFP NRW und der Fachhochschule Köln, das sich mit der Integration interkultureller Kompetenz in das Kompetenzprofil der Polizei NRW und der Kulturfairness des Auswahlverfahrens befasst (siehe dazu Leenen, Stumpf & Scheitza 2014).

brachten nur wenige der versprochenen positiven Effekte, aber eine Reihe von Problemen mit sich, die darauf zurückzuführen sind, dass die Polizei als öffentliche Verwaltung nicht nur strukturell, sondern auch organisationskulturell zumindest partiell einer anderen als einer unternehmerischen Logik gehorcht.

Nach den oben bereits zitierten Forschungsergebnissen von Adler stellt sich der Kreativitäts- und Produktivitätsmehrwert von Diversität allerdings nur bei ganz bestimmten Aufgaben und unter besonderen Bedingungen ein. Auf die Polizei übertragen: Diversität wird vor allem in den Situationen von Vorteil sein, in denen Kommunikations- und Deeskalationsaspekte eine zentrale Rolle spielen. Zu den besonderen Vorbedingungen, die gegeben sein müssen, zählt Adler eine durchgängig hohe interkulturelle Qualifikation des Personals, eine mit Diversitätsfragen vertraute Führung und Leitung und eine Einstellungspolitik, die leistungs- und kompetenzorientiert rekrutiert und nicht etwa nach Gruppenzugehörigkeit.

Das *Image- bzw. Akzeptanz-Argument* verspricht zwar einen Ansehensgewinn, den sich die Organisation angeblich durch mehr Diversität des Personals in der Öffentlichkeit sichern kann. Ob ein solcher genereller Imagegewinn für die Polizei durch mehr Diversität allerdings tatsächlich erreichbar ist, erscheint ausgesprochen unklar, empirisch belegt ist er unseres Erachtens bislang nicht. Teile der Gesellschaft stehen einer Zunahme von kultureller Vielfalt in der Polizei positiv gegenüber, andere sehen das eher skeptisch. Zudem wird je nach Handlungskontext kulturell diverses Personal der Polizei mehr oder weniger akzeptiert.

Das *Klientenzugangs-Argument* erfreut sich in der Organisation Polizei derzeit besonderer Beliebtheit: Mehr Diversität soll der Organisation in bestimmten Lagen „Einsatzvorteile" aufgrund von sprachlichen und kulturellen Sonderkenntnissen verschaffen. Die Begeisterung, mit der dieses Argument zuweilen vorgetragen wird, hat mit der Erwartung höherer Fahndungs- und Aufklärungserfolge und insbesondere der Vorfreude auf „*Ausspähungstriumphe*" zu tun: Der sprachliche Nachteil bei der Verfolgung bestimmter Gruppen kann endlich in einen Vorteil umgemünzt werden (vgl. Behr o.J.: 21).

Die mögliche Kehrseite einer verstärkten Zuordnung des neueingestellten „*migrantischen Personals*" auf die Migranten-Klientel wird in ihrer Brisanz für die neuen Kollegen/Kolleginnen zu selten gesehen: Spezifische Sprach- und Milieukenntnisse dürfen Beamten/Beamtinnen mit bi-kulturellem Hintergrund nicht in eine Sonderzuständigkeit für „Landsleute" und in Karrieren zweiter Wahl führen. Mit einer solchen Sonderrolle schwächt man zudem die Identifikation der Kolleginnen und Kollegen mit der Organisation. Auch Behr gibt zu bedenken, dass es zu kurz gegriffen und wenig produktiv sei, Personal mit Migrationshintergrund einzustellen, „*das mit seinesgleichen umgeht*" (Behr o.J.: 7). Vielmehr müsse der „Mehrwert" von Mehrsprachigkeit und Bikulturalität in einem produktiven Beitrag zur Entwicklung der gesamten Organisationskultur liegen. In einer solchen Organisation, in der Vielfalt als Normalität verstanden wird, haben Ressentiments und gruppenbezogene Exklusionsprozesse wenig Raum. Darüber hinaus vergrößert sich das Problemlösepotenzial gerade in komplexen Handlungsbereichen, weil verschiedene Perspektiven und Herangehensweisen zur Lösung anstehender Probleme zur Verfügung stehen. Damit erhöht sich nicht nur die Leistungsfähigkeit der Organisation in additiver Hinsicht; ein solches Organisationsklima fördert auch eine offene Lernkultur, die neue und komplexe Anforderungen im Binnenraum wie im Umfeld der Organisation nicht als Bedrohung sieht, sondern aktive und kreative Reaktionen auslöst (vgl. Behr o.J.: 12). Der Mehrwert der „anderen" Beamten/Beamtinnen liegt weniger in spezifischen Einsatzvorteilen als vielmehr in ihrem produktiven Beitrag zur Entwicklung einer „*Lernenden Organisation*" (vgl. Argyris & Schön 1999).

Zusammenfassend lässt sich sagen, dass ein Mehr an kultureller Diversität in der Polizei sowohl gesellschafts- als auch organisationspolitisch ein erstrebenswertes Ziel ist. Gleichwohl wäre es ein Irrglaube, die Polizei könne in ihrer Personalstruktur ein perfektes Spiegelbild der Gesellschaft sein. Die Verfolgung gerechtigkeitspolitischer Ziele wird durch Funktionalitätsanforderungen in der Organisation begrenzt.

Im Vergleich zur aktuellen Situation bietet ein Mehr an kultureller Diversität aber erhebliche Chancen, die die Organisation unbedingt nutzen sollte. Für eine Gesamtbewertung der Argumente ist allerdings im Auge zu behalten, dass *ein solcher „Diversitätsmehrwert" nur unter bestimmten Voraussetzungen* zu erwarten ist. Mehr Diversität ist nur dann von Vorteil, wenn es gleichzeitig gelingt, eine diversitätsoffene Organisationskultur zu entwickeln, die dem neu hinzugekommenen Personal Entfaltungsmöglichkeiten gibt und die Reibungsverluste gering hält.

Vor diesem Hintergrund erscheint es für die Polizei ratsam, in einen *sich selbst verstärkenden Prozess von interkulturellen Bildungs- und Organisationsentwicklungsanstrengungen* zu investieren und auf keinen Fall zu schematischen

Proporzaktionen (z.B. in der Personalauswahl) zu greifen. Die Qualität der Organisationskultur ist wichtiger als eine bloß quantitative „Ausgewogenheit". Diese Bedingung beinhaltet also genau das, was wir einleitend den *Übergang von einer Multikulturellen Organisation zur Interkulturellen Organisation* genannt haben, also einer Organisation, in der (a) interkulturelle Kompetenz ein relevantes Kriterium in der *Personalauswahl* und *Personalentwicklung* ist, (b) das gesamte Personal fortlaufend interkulturell sensibilisiert und geschult wird und (c) eine *diversitätsoffene Organisationskultur* entwickelt wird, die die Identifikation mit den gemeinsamen Organisationszielen, wechselseitige Akzeptanz von Unterschiedlichkeit sowie einen offenen und kooperativen Umgang mit Diversität gleichermaßen fördert. Diese Kultur muss sowohl von den Kolleginnen und Kollegen gelernt und im Alltag gelebt werden als auch von den Führungskräften abgesichert, gestützt und gefördert werden.

Die zentrale Frage lautet, wie bei der Verfolgung dieser Ziele und angesichts der schon heute erfahrbaren Normalität individueller und gruppaler Unterschiedlichkeit die für den polizeilichen Alltag notwendige Kohäsion sichergestellt und ein „Wir"-Gefühl gepflegt werden kann, das die Belastungen und Gefährdungen des Berufs partiell zu kompensieren in der Lage ist und zugleich Raum für individuelle und gruppenbezogene Besonderheiten lässt. In einem solchen Klima entscheidet der/die Einzelne, ob, wann und wie stark er/sie welche seiner/ihrer kulturellen Seiten „einbringt". Er/sie wird weder von Kollegen/Kolleginnen oder Vorgesetzten und auch nicht von organisationstrukturellen Vorgaben auf bestimmte kulturelle Besonderheiten reduziert noch werden solche Seiten unterdrückt. Der Vorteil *einer diversitätsoffenen Organisationskultur* liegt weniger in einer (ökonomisch ohnehin schwer zu fassenden) „Nützlichkeit" bestimmter kultureller Potenziale, die in einem unter hohem Handlungsdruck stehenden Polizeialltag ohnehin kaum systematisch „erschlossen" und gezielt eingesetzt werden können, sondern in einer allgemein „offenen Atmosphäre", die nicht nur gegen Ressentiments relativ immun ist, weil der „common spirit" auf Freiraum angelegt ist, sondern allen die Möglichkeit eröffnet, situativ die zur Verfügung stehende Vielfalt positiv zu nutzen (natürlich immer im Rahmen des polizeilichen Auftrages).

Eine solche „Interkulturelle Organisation" wird nicht einfach durch bürokratische Strukturentscheidungen hergestellt bzw. „angeordnet". Zwar ist die Unterstützung der Leitung bei der Förderung und Entwicklung einer solchen Organisationskultur von großer Bedeutung – das heißt aber nicht, dass sie durch einsame Top-down-Entscheidungen und eine lineare Planung herstellbar ist. Es geht um einen sich selbst verstärkenden Organisationsentwicklungsprozess, der durch *drei strukturelle Entscheidungen* gefördert werden sollte:

1. Formulierung eines Leitbildes und einer Diversitätsstrategie,

2. Stärkung und Ausbau der interkulturellen Aus- und Fortbildung sowie

3. Verbesserung von Personalauswahl und Personalentwicklung unter Diversitätsgesichtspunkten.

6 Fortbildungsangebote zur kulturellen Diversität

6.1 Angebote für unterschiedliche Zielgruppen

6.1.1 Workshop „Arbeiten in multikulturellen Polizeiteams"

Der Workshop „Arbeiten in multikulturellen Polizeiteams" richtet sich an *Polizistinnen und Polizisten im Wach und Wechseldienst*. Er ist als zweitägige Fortbildung für eine gemischte Teilnehmergruppe *(mit und ohne Migrationshintergrund)* konzipiert. Diese Mischung ermöglicht zum einen die Zusammenführung unterschiedlicher Erfahrungen; zum anderen bewirkt die Heterogenität der Adressaten zwangsläufig Perspektivenvielfalt bei der Reflexion kultureller Diversität in Polizeiteams und bei der Entwicklung von Handlungsoptionen für ein produktives Miteinander. Idealerweise verfügen die Teilnehmer/innen dabei bereits über ein Grundverständnis von interkultureller Kommunikation und den möglichen Bruchstellen interkultureller Zusammenarbeit.

Ein gut komponierter Mix unterschiedlicher Methoden schafft im Workshop eine abwechslungsreiche Lernatmosphäre. Ein Schwerpunkt liegt bei teilnehmeraktivierenden, selbstreflexiven und erfahrungsorientierten Methoden (z.B. Biografische Übungen, Selbsteinschätzungsübungen und Simulationen). Kurze Filme zum Thema Kulturelle Vielfalt in der Polizei finden als anschauliches, „dichtes" Material Verwendung und werden sowohl in Kleingruppenarbeit als auch im Plenum analysiert und diskutiert. Powerpointgestützte Informationseinheiten werden für konzeptionelle Klärungen und die Zusammenfassung von Kerngedanken eingesetzt und ergänzen das methodische Repertoire.

Es empfiehlt sich, den Workshop als **Trainerteam** durchzuführen. Trainerteams, die häufiger über ein breiteres methodisches Repertoire verfügen, können in einer Trainingsveranstaltung eine größere Dynamik entfalten. Durch unterschiedliche Trainingsstile steigt die Wahrscheinlichkeit, zu möglichst vielen Trainees einen Zugang zu finden. Zudem ist die Zusammenarbeit polizeilicher und polizeiexterner Trainer/innen bzw. Fortbilder/innen besonders sinnvoll. Der polizeiliche Hintergrund gewährleistet die Anbindung an bzw. den Transfer in die polizeiliche Arbeitswelt, die externe Sicht beruht auf Spezialwissen zu diesem für die Polizei neuen Fortbildungsthema und fördert den „Blick über den Tellerrand".

Workshop „Arbeiten in multikulturellen Polizeiteams"

1. Tag

Einstieg und Einführung

Begrüßung / Programmablauf / Kennenlernen / Erfassung von Erwartungen und Vorkenntnissen / Einstimmung ins Thema

Kultur und kulturelle Unterschiede

- Gruppenarbeit: Kulturbeschreibung
- Trainer-Info: Kulturelle Prägung, kulturelle Unterschiede
- Einzelübung: Selbsteinschätzungsübung zu Kulturdimensionen
- Trainer-Info: KPS-Modell

Vielfalt in der Polizei

- Übung: „Diversitäts-Bingo"
- Einzelübung: Bilder zur Berufsmotivation
- Trainer-Info: Diversität
- Trainingsfilm: „Die ganzen Köppe hier", Gruppenarbeit und Auswertung

2. Tag

Migrationsbedingte Vielfalt in der Polizei

- Trainingsfilm: „Die marokkanische Wache" (alternativ: Fall-Schilderungen von Polizeibeamte/-beamtinnen mit Migrationshintergrund), Gruppenarbeit und Auswertung

Ausgrenzung

- Übung: „Exclude", Diskussion im Plenum
- Trainer-Info: Ausgrenzungsmechanismen Diskussion im Plenum

Möglichkeiten der Verbesserung multikultureller Teamarbeit

- Gruppenarbeit: Resümee der Einsichten und Sammlung von Verbesserungsmöglichkeiten für die Arbeit in multikulturellen Teams, Diskussion im Plenum

Evaluation und Abschluss

Abb. 10: Workshop „Arbeiten in multikulturellen Polizeiteams"

Intentionen und Ziele

Vor dem Hintergrund einer steigenden Zahl von Beamtinnen und Beamten mit Migrationshintergrund soll der Workshop für mögliche Bruchstellen, aber auch für die Chancen der Arbeit in kulturell gemischten Teams sensibilisieren und die Integration von Polizistinnen und Polizisten unterschiedlicher kultureller Herkunft in die Organisation fördern.

Im Verlauf des Workshops werden die Teilnehmer/innen Stück für Stück in das Thema kulturelle Vielfalt eingeführt. Diversität wird dabei als ein Konzept entfaltet, in dem es sowohl um Unterschiede zwischen Menschen als auch um Verbindendes über vermeintliche Gruppengrenzen hinweg geht. Ein besonderer Schwerpunkt wird auf ein tieferes Verständnis von *Ausgrenzungsmechanismen* und der Möglichkeiten einer *Inklusion von „Trägern kultureller Vielfalt"* gelegt.

Inhalte und Methoden

Der Workshop „Arbeiten in multikulturellen Polizeiteams" umfasst sieben thematische Blöcke.

1. Einstieg und Einführung

Zu Beginn des Workshops stehen das persönliche Kennenlernen, die Klärung der Inhalte, der Ziele und des methodischen Ansatzes des Workshops, aber auch die Schaffung einer angenehmen Atmosphäre im Mittelpunkt. Darüber hinaus erhalten die Trainer/innen einen Einblick in die Vorkenntnisse und Erwartungen der Teilnehmer/innen, die sie für eine Feinjustierung des Workshops nutzen. Zu diesem Zweck werden die Teilnehmer/innen gleich zu Beginn gebeten, die eigene kulturelle Prägung sowie die Bedeutung des Themas kulturelle Diversität in der Polizei einzuschätzen und ihre Erwartungen zu benennen.

Um das Thema kulturelle Vielfalt von Anfang an für die Gruppe anschlussfähig zu machen und gleichzeitig die auf Reflexion und Einbringen bzw. Offenlegung von Persönlichem angelegte Methodik zu verdeutlichen, werden die Teilnehmer/innen bei der sich anschließenden Vorstellungsrunde aufgefordert, sich nicht nur namentlich vorzustellen, sondern auch die Herkunft bzw. Bedeutung ihres Namens zu erläutern und Erfahrungen mit Migration, Kulturwechsel und Integrationsprozessen im eigenen Leben oder im familiären Umfeld darzustellen. In der Regel werden sich auch bei Teilnehmerinnen und Teilnehmern, die auf den ersten Blick keinen Migrationshintergrund haben, in der Familiengeschichte oder im unmittelbaren sozialen Umfeld Migrationserfahrungen ausmachen lassen. Den Trainerinnen und Trainern kommt die Aufgabe zu, auf Gemeinsames oder Verbindendes hinzuweisen, aber auch die Unterschiede zwischen den geschilderten Erfahrungen zu beleuchten.

Im Anschluss an die Vorstellungsrunde werden die Teilnehmer/innen in die zentralen Workshop-Themen „Kultur" und „kulturelle Vielfalt" eingeführt. Um die Relevanz des Themas zu verdeutlichen, werden Prognosen zur demografischen Entwicklung und sich daraus ableitende Zielbestimmungen für die ethnisch-kulturelle Zusammensetzung der Mitarbeiterschaft der Polizei präsentiert. Ein kurzer Überblick über die in anderen Ländern in Zusammenhang mit Diversität innerhalb der Polizei gemachten Erfahrungen baut gleich zu Beginn der Veranstaltung eine Brücke zu den zentralen Themen des Workshops. Die Teilnehmer/innen werden an dieser Stelle aufgefordert, in kurzer Partnerarbeit über die möglichen Ursachen für die dargestellten Phänomene zu spekulieren.

Abschließend wird der Programmablauf vorgestellt und mit den Erwartungen der Teilnehmergruppe abgeglichen.

2. Kultur und kulturelle Unterschiede

Um die Auseinandersetzung mit dem Konzept Kultur anzuregen, bekommen die Teilnehmer/innen als erstes die Aufgabe, in Gruppenarbeit eine ihnen bekannte Kultur zu beschreiben. Vorgegeben werden hierbei „Deutsche Kultur", „Frauenkultur" und „Polizeikultur". Anschließend wird in Form eines dialogischen Vortrags in die für den Workshop relevanten theoretischen Konzepte und ihre praktische Bedeutung eingeführt. Umfang und inhaltliche Tiefe des Vortrags richten sich nach den Vorkenntnissen der Teilnehmenden. Durch die powerpointgestützte Visualisierung ergeben sich Ankerpunkte für die Diskussion.

Nachdem der Aspekt möglicher „kultureller Prägungen" angesprochen wurde, werden kulturelle Unterschiede thematisiert. Eine Selbsteinschätzungsübung zu kulturellen Handlungsorientierungen kann in diesem Zusammenhang zentrale Tendenzen innerhalb der Gruppe der Teilnehmenden ebenso wie die interindividuelle Varianz der Präferenzen von Personen mit gleichem ethnisch-kulturellem Hintergrund aufzeigen.

Die Lerneinheit schließt mit der Vorstellung des so genannten „KPS-Modells" ab, das zwischen Kultur, Person und Situation als möglichen Einflussfaktoren auf menschliches Verhaltens differenziert. Damit wird die Bedeutung des Faktors Kultur präzisiert, der als wichtige Einflussgröße gesehen wird, aber nur eine unter mehreren ist.

3. Vielfalt in der Polizei

In dieser sehr umfangreichen Arbeitseinheit wird das Thema kulturelle Vielfalt von unterschiedlichen Seiten beleuchtet und in den polizeilichen Kontext gestellt. Es geht darum, die personale Vielfalt in der Polizei und Gemeinsamkeiten, aber auch Unterschiede zwischen einzelnen Beamtinnen und Beamten ins Bewusstsein zu rücken. Zu diesem Zweck werden zwei Übungen durchgeführt: Die erste Übung hat einen eher spielerischen Charakter. Die Teilnehmer/innen sollen hierbei im Sinne eines Bingo-Spiels in der Gruppe Personen identifizieren, auf die bestimmte vorgegebene Merkmale zutreffen. Die Ergebnisse lassen die in der Gruppe existierende Vielfalt deutlich zu Tage treten.

Die zweite Übung zielt auf Selbstreflexion und schlägt außerdem die Brücke zum Polizeiberuf. Die Teilnehmer/innen werden gebeten, sich maximal zwei Bilder aus einem Bilder-Reservoir auszuwählen, die bei ihnen Assoziationen zu ihrer Berufsmotivation aufrufen. Nach der Auswahl stellen die Teilnehmer/innen ihre Bilder und die Gründe für ihre Auswahl vor. Anhand der Äußerungen zu den ausgewählten Bildern lassen sich in der Regel Gemeinsamkeiten und Unterschiede jenseits vermeintlicher Gruppenzugehörigkeiten erkennen. Auf diese Weise kann verdeutlicht werden, dass sich beim Thema kulturelle Diversität eben nicht nur unterschiedliche homogene Subgruppen gegenüberstehen, sondern die Eigenarten und vielfältigen Ressourcen des Einzelnen in den Blick genommen werden müssen. Diese Einsicht wird anschließend unterstützt durch einen kurzen dialogischen Vortrag, der das Konzept der „Diversität" (er-)klärt.

Wie sich Diversität im polizeilichen Arbeitsalltag äußert, welche Konfliktzonen und Bruchstellen mit Blick auf unterschiedliche Arten kultureller Vielfalt in einem multikulturellen Polizeiteam auftreten können, veranschaulicht danach der Film „Die ganzen Köppe hier". Der auf realen von Polizeibeamten/-beamtinnen berichteten Situationen beruhende Film dient als exemplarisches Material, anhand dessen grundlegende Zusammenhänge erarbeitet werden. In Kleingruppen sollen die Teilnehmer/innen zunächst die im Film zutage tretenden Aspekte kultureller Vielfalt zusammentragen und das in den einzelnen Szenen angelegte Konfliktpotenzial diskutieren. Um einen Bezug zur eigenen Praxis herzustellen, werden die Teilnehmer/innen aufgefordert, eigene passende Erfahrungen mit einfließen zu lassen. In Verbindung mit diesen Analysen gehen die Trainer/innen abschließend auf unterschiedliche Möglichkeiten des Umgangs mit Unterschieden ein und tragen – gemeinsam mit der Gruppe – Prinzipien für eine erfolgreiche Arbeit in multikulturellen Polizeiteams zusammen.

4. Migrationsbedingte Vielfalt in der Polizei

In diesem Themenblock wird das Augenmerk auf „ethnisch-kulturelles" Anderssein gelegt und gezeigt, in welcher Form Normalitätserwartungen einer Organisation eine ausgrenzende Wirkung entfalten können. Dies geschieht ebenfalls mit Hilfe eines kurzen Trainingsfilms, der Rollenverhältnisse auf den Kopf stellt: Es wird das fiktive Zukunftsszenario einer Bewerbung eines autochthonen Bewerbers für die Polizei in einer niederländischen Dienststelle dargestellt, in der nur noch ausschließlich aus Marokko stammende Polizeikräfte arbeiten. Der Film zeigt zum einen die Anpassungsleistungen, die bei dieser kulturellen Grundkonstellation von einem Bewerber erwartet werden, und zum anderen den Widerstand der Gruppe gegen den „Fremden".

In dem bewusst überspitzten Filmbeispiel werden Abweichungen nicht als Ressource, sondern als unerwünschte Belastung und Störung begriffen. Dabei wird deutlich, dass es nicht massiver Ressentiments gegenüber einer bestimmten Gruppe bedarf. Es ist eher die Menge „normaler" Kleinigkeiten, mit denen eine auf Homogenität ausgerichtete Organisationskultur Fremden das Leben schwer macht, sie ausgrenzt oder zur möglichst umfassenden Anpassung zwingt.

Die sich an den Film anschließende Diskussion kann dazu genutzt werden, die Ambivalenz von Homogenität und Offenheit zu thematisieren: Die karikative Überspitzung des Beispiels lenkt den Blick auf die Frage, durch welche kulturellen Selbstverständlichkeiten das Verhältnis zwischen bestimmten Gruppen in der Organisation bestimmt wird und unter welchen Bedingungen sich unter affektiven Gesichtspunkten „Überfremdungsangst" äußert und in Inklusions- und Exklusionsprozesse mündet. Dem kann eine diversitätsoffene Organisationskultur entgegengestellt werden, die alle Mitglieder in die Verantwortung mit einbezieht und das Ausgrenzungsproblem reduziert, weil kulturelle Zugehörigkeit nicht als Machtfaktor fungiert.

Der Einsatz des von der niederländischen Polizei produzierten Films ist mit gewissen Risiken behaftet, birgt aber durch die verfremdende Darstellung auch methodische Potenziale: Zum einen überspitzt er eine Minderheitenproblematik, zum anderen stellt er Rollenverhältnisse auf den Kopf, indem sich ein „Autochthoner" in der Rolle des zu integrierenden Fremden wiederfindet. Die Hauptfigur macht den deutschstämmigen Teilnehmenden eine Identifikation leicht; seine Gewohnheiten und Wünsche sind dem Publikum bekannt. Durch den Rollenwechsel werden die Mechanismen der Ausgrenzung leichter erkennbar, als dies der Fall wäre, wenn die möglicherweise unbekannten Normalitätserwartungen eines Migranten mit einem deutschen Arbeitskontext kontrastiert worden wären.

Alternativ oder auch ergänzend können auch kurze Fallschilderungen (so genannte Vignetten) deutscher Polizeibeamtinnen und -beamten mit Migrationshintergrund eingesetzt werden, um typische Bruchstellen migrationsbedingter Vielfalt in der polizeilichen Zusammenarbeit zu veranschaulichen. Das hier eingesetzte Material beschreibt das Unwohlsein von Beamtinnen und Beamten, die in ihrem Arbeitsumfeld aufgrund ihrer nichtdeutschen Herkunft eine Sonderrolle zugewiesen bekommen. Die Schilderungen sind authentisch, da es sich um Originalzitate aus Interviews mit Polizistinnen und Polizisten mit Migrationshintergrund handelt.

5. Ausgrenzung

Nachdem in der vorangegangenen Arbeitseinheit das Thema Ausgrenzung eher abstrakt behandelt wurde, erhalten die Teilnehmer/innen im Folgenden die Gelegenheit, Ausgrenzungsmechanismen „am eigenen Leib" zu erfahren. Die Übung „Exclude" thematisiert zum einen die Frustration, die sich einstellt, wenn man aus einer Gruppe ausgeschlossen und/oder von den Gruppenmitgliedern ignoriert wird. Sie macht zum anderen die subtilen Faktoren erkennbar, die das Verhalten von ‚Insidern' und ‚Outsidern' einer Gruppe beeinflussen.

Die in der Übung gemachten Erfahrungen werden anschließend mit den Teilnehmern/Teilnehmerinnen diskutiert und in einer foliengestützten Präsentation anhand von grundsätzlichen Ausführungen zum Thema Ausgrenzung ergänzt. Dabei wird u.a. ein Foliensatz zum Einsatz gebracht, der auf den amerikanischen Animationsfilm „The Tale of O" (entwickelt von Rosabeth Moss Kanter) zurückgreift und Ausgrenzungsmechanismen in kulturhomogenen Gruppen in einer einfachen Symbolsprache verdeutlicht. Die Präsentation geht besonders auf Zusammenhänge zwischen den quantitativen Gruppengrößen und den Machtverhältnissen ein. Hierbei kommt es häufig zu Segregationsprozessen, zu überhöhten Erwartungen auf Seiten der Mehrheit, zu Überanpassung und – dadurch ausgelöst – zu Stress bei den kulturellen Außenseitern. Darüber hinaus werden im Rahmen der Präsentation die in diesem Zusammenhang relevanten Begriffe: Stereotyp, Vorurteil und Diskriminierung erläutert und ihre Bedeutung in Gruppenprozessen aufgezeigt.

Bei der abschließenden Diskussion geht es darum, die scheinbare Zwangsläu-figkeit von Ausgrenzungsprozessen infrage zu stellen und Lösungswege für Exklusionsprobleme zu entwickeln. Dies kann zunächst auf einer allgemeinen Ebene geschehen, danach werden die Vorschläge und Ideen aber auf ihre Anwendbarkeit im Kontext von Polizeiteams überprüft.

6. Möglichkeiten der Verbesserung multikultureller Teamarbeit

Zum Abschluss des Workshops geht es darum, die Ergebnisse zu bündeln, aber auch über Handlungskonsequenzen nachzudenken. Die Teilnehmer/innen werden dabei aufgefordert, zum einen die im Laufe des Workshops erworbenen Einsichten zu resümieren, zum anderen sich Gedanken zum Transfer des Gelernten in den Arbeitsalltag zu machen.

Ein Austausch in Dreier- oder Vierergruppen (idealerweise zusammengesetzt aus Teilnehmenden mit und ohne Migrationshintergrund) hat die Funktion einer Ideenwerkstatt. Hier lassen die Teilnehmer/innen gemeinsam die Inhalte des Workshops Revue passieren und entwickeln Ansatzpunkte für eine Verbesserung der Arbeit in multikulturellen Polizeiteams. Darüber haben die Teilnehmenden die Aufgabe, über Möglichkeiten der Verbreitung der Workshop-Inhalte im eigenen Arbeitsumfeld nachzudenken. Dazu sollen unterschiedliche Szenarien der Reaktion von Kollegen und Kolleginnen entwickelt und diskutiert werden.

7. Evaluation und Abschluss

Im Rahmen einer klassischen – im Idealfall sowohl mündlichen als auch schriftlichen – Abschlussevaluation geben die Teilnehmenden den Trainern bzw. Trainerinnen Rückmeldung zu den Inhalten und der Form des Workshops. Bewertet wird auch der Erfolg der Bemühungen, Bewusstwerdungs- und Veränderungsprozesse in Gang zu setzen.

6.1.2 Workshop „Umgang mit Diversität als Führungsaufgabe"

Der Workshop „Umgang mit Diversität als Führungsaufgabe" wurde für *polizeiliche Führungskräfte* entwickelt. Ebenso wie beim Workshop „Arbeiten in multikulturellen Polizeiteams" handelt es sich um eine zweitägige Fortbildung, die idealerweise von einem Trainerteam durchgeführt wird. Bei den Teilnehmenden sind Grundkenntnisse zu interkultureller Kommunikation wünschenswert; sie erleichtern eine Vertiefung des Themas „Führungsverantwortung" unter interkulturellen Gesichtspunkten. Ankerpunkt des Workshops ist jedoch das Erfahrungswissen der Führungskräfte. Die Reflexion und Diskussion eigener Erfahrungen vor dem Hintergrund kultur- und diversitätstheoretischer Forschungsergebnisse stellt die Relevanz des Workshops für den Führungsalltag sicher.

Workshop „Umgang mit Diversität als Führungsaufgabe"

1. Tag

Einstieg und Einführung

Begrüßung / Programmablauf / Kennenlernen / Erfassung von Erwartungen und Vorkenntnissen / Einstimmung ins Thema

Kultur, kulturelle Prägung und kulturelle Diversität

- Dialogischer Vortrag: Kultur, kulturelle Prägung und kulturelle Diversität

Diversität als Organisationsthema

- Film: „BASF – Diversity and Inclusion", Diskussion im Plenum

Polizei im Wandel der Zeit – Veränderungen der Organisationskultur

- Gruppenarbeit: Veränderungen in Polizei und Gesellschaft (Vergangenheit, Gegenwart, Zukunft)
  Auswertung im Plenum

Umgang mit Diversität in der Polizei im internationalen Vergleich

- Trainer-Info und Diskussion

2. Tag

Kulturelle Diversität in der deutschen Polizei

- Trainingsfilm: „Das ist nicht mehr meine Polizei",
  Gruppenarbeit und Diskussion im Plenum

Inklusion und Exklusion

- Übung: „Ein Roter bei den Grünen", Diskussion im Plenum

Kulturelle Diversität als Führungsaufgabe

- Gruppenarbeit: Kritische Ereignisse zur Führung multikultureller Teams
  Auswertung im Plenum

Evaluation und Abschluss

Abb. 11: Workshop „Umgang mit Diversität als Führungsaufgabe"

Auch bei diesem Workshop sorgt eine Mischung unterschiedlicher methodischer Ansätze für eine abwechslungsreiche Atmosphäre und hilft, Teilnehmer/innen mit verschiedenen Lernpräferenzen zu erreichen. Einzel- und gruppenorientierte Lernphasen wechseln sich ab. Inputs der Trainer/innen regen zum Nachdenken an und strukturieren die Erfahrungen und Lernergebnisse. Ein gewisser Schwerpunkt liegt auf erfahrungsorientierten Methoden (z.B. Simulationen). Um die Bedeutung kultureller Vielfalt in unterschiedlichen Handlungskontexten zu veranschaulichen, kommen darüber hinaus auch Filme zum Einsatz.

Intentionen und Ziele

Ziel des Workshops „Umgang mit Diversität als Führungsaufgabe" ist es, den produktiven Umgang mit kultureller Vielfalt in der Polizei zu fördern: Diversitätspotenziale sollen möglichst genutzt und Reibungsverluste minimiert werden. Zu diesem Zweck werden polizeiliche Führungskräfte für die Bedeutung von Kultur und kultureller Vielfalt im polizeilichen Alltag sensibilisiert. Dies betrifft zum einen personelle und managementbezogene Bereiche von Führung im polizeilichen Alltag. Zum anderen geht es aber auch um mittel- und langfristige Strategien zur Gestaltung einer Polizeikultur, die explizit auch im alltäglichen Miteinander kulturelle Differenz wertschätzt, aber zugleich die notwendige Kohäsion der Dienstgemeinschaften fördert und pflegt.

Inhalte und Methoden

Der inhaltliche Aufbau des Workshops entwickelt sich von allgemeinen feldunspezifischen Überlegungen hin zum konkreten Handlungsfeld polizeilicher Führungskräfte. Damit einher geht eine Lernbewegung, die mit strukturierenden Impulsen durch die Trainer/innen beginnt, dann aber zunehmend auf die Expertise der Teilnehmer/innen bei der weiteren inhaltlichen Gestaltung des Workshops setzt.

Der Workshop „Umgang mit Diversität als Führungsaufgabe" besteht aus neun thematischen Blöcken.

1. Einstieg und Einführung

Der erste Teil des Workshops dient dem gegenseitigen Kennenlernen sowie der Klärung der Inhalte und Ziele des Workshops. Darüber hinaus werden die Teilnehmer/innen auf eine vorrangig erfahrungsorientierte, vom Lernenden ausgehende – und somit von der polizeiüblichen Lernkultur abweichende – Art des Lernens vorbereitet. Nicht zuletzt dient die erste Phase des Workshops der Schaffung einer angenehmen Arbeitsatmosphäre.

Direkt nach der Begrüßung und noch vor der Darstellung der Ziele und Inhalte des Workshops werden die Teilnehmer/innen aufgefordert, die Bedeutung von Kultur sowie von kultureller Diversität in der Polizei einzuschätzen. Damit wird schon zu Beginn der Veranstaltung das Signal gesetzt, dass die Teilnehmer/innen sich aktiv in die Gestaltung des Workshops einbringen können und sollen. Die Ergebnisse geben den Trainern/Trainerinnen einen ersten Einblick über das interkulturelle Bewusstsein der Teilnehmer/innen und über ihre Bewertung der Relevanz des Themas für die Polizeiarbeit: Ein geringes Bewusstsein der eigenen kulturellen Prägung wird eine ausführlichere Behandlung des Themas Kultur erforderlich machen. Wird die Relevanz des Themas Diversität für gering gehalten, wird mehr Zeit für die Verdeutlichung der bereits bestehenden Vielfalt innerhalb der Polizei sowie für die hohe Wahrscheinlichkeit einer weiteren Diversifizierung aufgewendet werden müssen.

Außerdem benennen die Teilnehmer/innen an dieser Stelle auch ihre Erwartungen an den Workshop. Damit gewinnen die Trainer/innen weiteren Aufschluss über die Befindlichkeit der Teilnehmenden, ihre Interessen, aber auch über die Nähe bzw. Distanz zu (vermuteten) Inhalten oder Methoden. Danach werden das Workshop-Thema, der methodische Ansatz sowie der geplante Programmablauf vorgestellt.

Die anschließende Kennenlern-Runde wird mit einer Einführung in das Thema des Workshops verknüpft: Die Teilnehmer/innen werden gebeten, sich maximal zwei Bilder aus einem Bilder-Reservoir auszuwählen, die darstellen, was Führung für sie persönlich bedeutet. Anhand der ausgewählten Bilder stellen sich die Teilnehmer/innen kurz mit Namen vor und erklären, warum sie ihre Bilder ausgewählt haben. Außerdem nennen sie ihre Funktion sowie mögliche interkulturelle Erfahrungen. Anhand der Äußerungen zu den ausgewählten Bildern werden Gemeinsamkeiten und Unterschiede herausgearbeitet und somit die Diversität der Gruppe, aber auch der Organisation Polizei erkennbar.

2. Kultur, kulturelle Prägung und kulturelle Diversität

In Form eines interaktiv gestalteten Vortrags werden die für den Workshop relevanten theoretischen Konzepte und ihre praktische Bedeutung eingeführt. Umfang und inhaltliche Tiefe des Vortrags richten sich nach den Vorkenntnissen der Teilnehmenden. Aufgabe des Inputs ist es, begriffliche Klarheit zu schaffen und Bezüge zwischen der Diversitäts- und der interkulturell ausgerichteten Kulturtheorie-Diskussion aufzuzeigen. Dieser Instruktionsteil sollte knapp sein, insbesondere was die Diversitäts-Debatte angeht, um die Teilnehmenden nicht zu überfordern und den Eindruck von Theorielastigkeit auszulösen.

Die Platzierung einer ersten inhaltlichen Einheit zu einem recht frühen Zeitpunkt dient dem Bedürfnis der Zielgruppe, sich zu orientieren und etwas „in die Hand" zu bekommen. Gerade für Führungskräfte ist die schnelle Übersicht erfahrungsgemäß ein wichtiges Anliegen. Damit steht diese Einheit in gewissem (und gewolltem) Kontrast zu der „weichen" Warming-up-Übung.

Durch die powerpointgestützte Visualisierung ergeben sich Anknüpfungspunkte für die Diskussion mit den Teilnehmenden. Abfragen zu den Kernbegriffen „Kultur" und „Diversität" lockern den Vortrag auf. Der dialogische Ansatz fördert zum einen die notwendige Aufmerksamkeit; zum anderen können bereits erfahrene Teilnehmer/innen ihr Wissen einbringen. Für die Trainer/innen wird damit erkennbar, wo die Gruppe inhaltlich steht.

3. Diversität als Organisationsthema

Ein von der Firma BASF zum Thema „Diversität und Inklusion" produzierter Film bringt den Teilnehmern/innen die Bedeutung kultureller Diversität für eine Organisation näher. Durch den Film und die daran anschließende Gruppenarbeit wird deutlich, dass „Diversität" unter dem Aspekt der „human resources" gesehen werden kann, deren Erschließung einer Organisation interessante Perspektiven eröffnet. Die begleitenden Fragestellungen lenken die Aufmerksamkeit auch auf damit verbundene Probleme (in Abweichung zum Film, der wegen seiner werbenden Intentionen durchweg nur die positiven Aspekte hervorhebt). Schließlich wird durch den Bezug zur Polizei ein inhaltlicher Transfer ins eigene Berufsfeld angeregt.

Das Medium Film bietet nicht nur eine willkommene methodische Abwechslung, sondern liefert in diesem Fall auch „authentische" Aussagen von Firmenangehörigen zum Thema Diversität. Die Arbeit in Kleingruppen stellt wiederum einen Wechsel in der Arbeitsform dar und bietet eher zurückhaltenden Teilnehmerinnen und Teilnehmern eine Möglichkeit, sich einzubringen. Bei der Auswertung wird festgehalten, wo besondere Chancen und Risiken kultureller Diversität in Organisationen liegen. In einem nächsten Schritt werden dann Transferüberlegungen für das polizeiliche Feld angeregt: Hier können bereits erste Ergebnisse gesammelt werden, die als Handlungsoptionen am Ende des Workshops in das Resümee einfließen können.

4. Polizei im Wandel der Zeit – Veränderungen der Organisationskultur

In den beiden vorhergehenden Arbeitseinheiten wurde das Thema Diversität eher grundsätzlich bzw. anhand eines fremden Organisationszusammenhangs diskutiert. Nun wechselt die Perspektive, indem die polizeiliche Kultur in den Vordergrund gerückt wird. Im Zentrum steht dabei die Frage, ob und wie sich die Polizei im Laufe der letzten Jahrzehnte verändert hat und welche Auswirkungen auf die Polizeikultur festzustellen sind. Die Beschäftigung mit der Organisationsgeschichte lenkt den Blick darauf, dass polizeiliche Arbeit schon immer von gesellschaftlichen Veränderungen beeinflusst war, die wiederum die Polizeikultur nachhaltig verändert haben (Abwendung vom „Corps-Geist", höhere Freiheitsgrade). Die Dekonstruktion des Mythos einer ehemals völlig homogenen „heilen Polizeiwelt" relativiert einerseits die Dramatik der aktuellen Herausforderungen. Andererseits wird deutlich, dass angesichts immer schneller voranschreitender gesellschaftlicher Veränderungen außerhalb und innerhalb der Polizei ein offener und konstruktiver Umgang mit Diversität von existentieller Bedeutung für die Organisation ist.

Zur Bearbeitung der Polizeigeschichte werden keine objektiven Daten herangezogen; vielmehr wird im Sinne des erfahrungsorientierten Ansatzes des Workshops biographisch gearbeitet und das Wissen und die Erfahrung der Teilnehmer/innen genutzt. Gerade für die Erfassung der Alltagskultur der Polizei sind „dichte Erzählungen" von großem Wert. Dabei kommt „Diversität" ganz unmittelbar zum Tragen: Jüngere Polizisten/Polizistinnen können ihr Wissen (das eben oft kumuliertes und tradiertes Institutionenwissen aus zweiter Hand ist) mit älteren Polizeibeamten (meist männlichen Geschlechts) austauschen, die hier gewissermaßen als „Zeitzeugen" fungieren. In aller Regel wird an dieser Stelle das Thema „Frauen in der Polizei" eine zentrale Rolle einnehmen. Es lässt sich als Muster für neue Herausforderungen und Möglichkeiten des Umgangs mit Vielfalt nutzen.

Bei der Zusammensetzung der dafür gebildeten Kleingruppen wird auf Heterogenität geachtet, um ein breites Spektrum an Perspektiven zu gewinnen. Sollten keine älteren Polizeibeamten an der Veranstaltung teilnehmen, wird die Polizeikultur früherer Jahrzehnte von einem Trainer oder einer Trainerin (idealerweise mit Polizeihintergrund) präsentiert. Neben der Reflexion der Vergangenheit haben die Kleingruppen die Aufgabe, Szenarien für die Zukunft der Polizeiarbeit zu entwickeln. Die Teilnehmer/innen werden auf diese Weise animiert, sich über die sonst übliche „Unmittelbarkeitsperspektive" hinaus Gedanken über eine sich verändernde Polizeiarbeit und daraus folgende Konsequenzen zu machen.

Die sich anschließende Diskussion im Plenum dient der kommunikativen Validierung des Dargestellten: Wahrnehmungen und Einschätzungen können bestätigt bzw. kritisch hinterfragt werden. Die Diskussion fördert die Einsicht, dass der soziale Wandel bestimmte Auswirkungen auf das kulturelle Gefüge der Polizei hatte und weiter haben wird. Eine diversitätsoffene Polizeikultur reagiert nicht defensiv auf eine zunehmend rascher sich ändernde Gesellschaft, sondern begreift Unterschiedlichkeit als Normalität und versucht, die darin liegenden Chancen zu nutzen.

5. Diversität in der Polizei im internationalen Vergleich

Da die Diversitätsthematik für die deutsche Polizei noch verhältnismäßig neu ist, die in anderen Berufsfeldern gewonnenen Erfahrungen aber nur begrenzt übertragbar sind, bietet es sich an, internationale Erfahrungen mit dem Thema Vielfalt im polizeilichen Kontext zu nutzen. In einer Reihe von Ländern (z.B. in den Niederlanden, in Großbritannien, Kanada und den USA) haben sich Polizeiorganisationen schon seit geraumer Zeit mit dem Thema intensiv auseinandergesetzt. Aus diesen Ländern liegen Erfahrungen vor, deren kritische Betrachtung zu einer Klärung organisationsbezogener Strategien und individueller Handlungsmöglichkeiten von polizeilichen Führungskräften in Deutschland beitragen können. Dabei sollte allerdings die Unterschiedlichkeit der gesellschaftlichen und politischen Ausgangsbedingungen immer im Blick behalten werden.

Die Befunde werden anhand einer Powerpoint-Präsentation dargestellt und mit den Teilnehmenden diskutiert. Der für Führungskräfte wichtige Erfahrungsbezug kann noch gesteigert werden, wenn diese Präsentation durch Vertreter/innen ausländischer Polizeieinheiten übernommen wird, die bei der Schilderung strategischer Überlegungen, gesellschaftlicher Hintergründe sowie der Bilanzierung von Erfolgen und Misserfolgen des in ihrem Heimatland verfolgten Ansatzes auf persönliche Erfahrungen zurückgreifen können.

6. Kulturelle Diversität in der deutschen Polizei

Nach den Reflexionen zur Polizei in Vergangenheit und Zukunft und dem Blick über die nationale Grenze steht nun das Arbeitsfeld der Teilnehmer/innen im Fokus des Workshops. Mit Hilfe des Films „Das ist nicht mehr meine Polizei" werden die Problemstellungen, die sich aufgrund von Unterschiedlichkeit ergeben, sehr plastisch abgebildet. Im Film werden verschiedene Situationen aus dem polizeilichen Führungsalltag dargestellt, bei denen kulturelle Diversität ein zum Teil brisantes Thema ist. Dies reicht von Personaleinsatz über die Dienstplangestaltung bis hin zur Personalbeurteilung.

Der Film verzichtet ganz bewusst auf die Darstellung „idealen Verhaltens" oder auf einen „moralisierenden Tonfall". Vielmehr sollen die geschilderten Szenen als exemplarisches Material fungieren, das zum Aufrufen eigener Erinnerungen motiviert. Damit wird zugleich auch die Fähigkeit gefördert, komplexe Sachverhalte miteinander in Beziehung zu setzen, zu vergleichen und über mögliche Handlungsoptionen nachzudenken.

Es bietet sich an, den Film zunächst in Kleingruppen diskutieren zu lassen und dann die Ergebnisse zusammenzutragen. Abschließend werden die übertragbaren Einsichten zur Frage des alltäglichen und des strategischen Umgangs mit kultureller Diversität im eigenen Führungszusammenhang gesammelt.

7. Inklusion und Exklusion

Mit Hilfe der Übung „Ein Roter bei den Grünen" werden Probleme von Mehrheiten/Minderheiten-Konstellationen in Gruppen auf spielerische Art und Weise veranschaulicht (siehe ausführlicher dazu auch Kapitel 6.2.2). Dazu werden mehrere grüne und ein oder zwei rote Spielfiguren so positioniert, dass sie eine typische Gruppenkonstellation und die sich daraus entwickelnde Gruppendynamik abbilden. Die Teilnehmer/innen stehen in einem lockeren Kreis um die Figuren. Sie werden aufgefordert, sich solche Situationen vorzustellen und deren Konsequenzen zu erinnern. Dabei können sie spielerisch ins Geschehen eingreifen, indem sie z.B. eine Veränderung der Gruppendynamik in der grünen Mehrheitsgruppe „aufstellen", die sich nach ihrer Einschätzung durch das Dazustoßen

74

einer einzelnen roten Figur ergeben wird. Auf gleiche Weise kann später das Auftauchen einer zweiten roten Figur dargestellt und reflektiert werden. Für weitere Konstellationen können einzelne Spielfiguren u.a. auch als Führungskräfte (Teamleiter/innen) gekennzeichnet werden. Ist der Raum, in dem die Übung durchgeführt wird, groß genug, können die Teilnehmer auch aufgefordert werden, die Plätze zu wechseln, um andere Blickwinkel auf die aufgestellten Situationen einnehmen zu können.

Mit der Übung lässt sich veranschaulichen, wie bestimmte Gruppenkonstellationen Fragen der Zugehörigkeit und Abgrenzung beeinflussen können. Darüber hinaus können Interventionsmöglichkeiten diskutiert und, mithilfe des Verschiebens der Figuren, die sich jeweils daraus ergebende Dynamik simuliert werden. Dabei bietet sich der Rekurs auf einen multiplen Kulturbegriff an, der zudem Lösungswege für Exklusionsprobleme aufzeigt: In der Auseinandersetzungen zwischen rivalisierenden Gruppen wird nämlich in der Regel auf nur eine kulturelle Zugehörigkeit Bezug genommen. Eine diversitätsoffene Betrachtung bezieht demgegenüber verschiedenartige kulturelle Differenzen und auch Gemeinsamkeiten mit ein. In der Symbolsprache der Übung: Die Figuren differieren zwar hinsichtlich ihrer Farbe, sie sind aber in Form und Größe ähnlich, was auch Anknüpfungspunkte für Gemeinsamkeiten bieten könnte.

8. Kulturelle Diversität als Führungsaufgabe

Der in der sechsten Arbeitseinheit verwendete Film „Das ist nicht mehr meine Polizei" hat verschiedene Herausforderungen und Ambivalenzen in Zusammenhang mit kultureller Diversität innerhalb der Polizei dargestellt. Nach diesem eher auf „Breite" angelegten Ansatz, der unterschiedliche Aspekte von Vielfalt innerhalb der Polizei vor Augen führt, sowie der thematischen Ausweitung auf Exklusionsthemen in der siebten Arbeitseinheit geht es nun um eine vertiefte Auseinandersetzung mit konkreten Herausforderungen polizeilichen Führungshandelns im Kontext kultureller Diversität. Die Teilnehmenden sollen sich dabei mit so genannten „Kritischen Ereignissen" auseinander setzen, in denen Irritationen beschrieben werden, die Polizeibedienstete mit Migrationshintergrund im Berufsalltag erlebt haben (siehe dazu auch die ausführlicheren Informationen in Abschnitt 6.1.3). Die Teilnehmer/innen stehen vor der Aufgabe, die zuvor eher theoretisch bzw. modellartig herausgearbeiteten Themen (Polizeibedienstete „neuen Typs", Inklusion/Exklusion in Teams) in einen diversitätsoffenen Führungsstil zu übersetzen. Als weiterer Schritt können anhand der Fallbeispiele unterstützende Maßnahmen für eine diversitätssensible Teamkultur entwickelt und diskutiert werden. Bei der Auswertung der Übung bietet es sich an, einen Bezug zu den gängigen Führungsmodellen der Polizei (z.B. „situatives Führen") herzustellen und die Implikationen kultureller Vielfalt für solche Modelle zu diskutieren. Dabei kann auch auf kulturell unterschiedliche Vorstellungen von Führung eingegangen werden.

Eine besondere Möglichkeit der Bearbeitung der Fallbeispiele bietet die „Kopfstand-Methode". Dabei wird nicht nur nach produktiven, sondern gezielt auch nach destruktiven Umgangsformen mit kultureller Diversität gefragt. Dies erweist sich häufig als sehr motivierend: Die Möglichkeit, mit einem Problem unproduktiv umgehen zu können, bietet den Teilnehmerinnen und Teilnehmern nicht nur ein Ventil für bisher vielleicht nicht artikulierte Widerstände, sondern befreit vom sonst üblichen „ernsthaften" Lösungsanspruch und eröffnet auf diese Weise kreative Potenziale. Darüber hinaus ist diese Methode auch für eine inhaltliche Auseinandersetzung hilfreich: Das entstehende Negativbild lässt zum einen die Dysfunktionalität mancher Handlungsvarianten besonders deutlich hervortreten. Zum anderen leitet es den Blick auf Handlungsstrategien, die beim Nachdenken über einen produktiven Umgang häufig übersehen werden.

9. Auswertung und Abschluss

Zum Abschluss des Workshops geht es darum, die Ergebnisse zu bündeln, aber auch über das weitere Vorgehen nachzudenken. Die Teilnehmer/innen werden aufgefordert, zum einen die im Laufe des Workshops erworbenen Einsichten zu resümieren, zum anderen sich Gedanken zum Transfer des Gelernten in den Arbeitsalltag zu machen. Im Sinne des strategischen Lernansatzes geht es dabei weniger um kurzfristige Maßnahmen als vielmehr darum, die perspektivische Dimension des Themas im Blick zu behalten und hierfür über geeignete Szenarien des (kooperativen wie individuellen) Lernens nachzudenken.

Der informelle Austausch in Zweier- oder Dreiergruppen (zusammengesetzt nach inhaltlicher oder organisationsbezogener Nähe) dient der Entwicklung kreativer Ideen. In dieser Phase liegt die inhaltliche Aktivität eindeutig bei den Teilnehmenden. Auch in der anschließenden Sammlungsphase liegt die Aufgabe der Moderation eher darin, die Ergebnisse inhaltlich zu bündeln und bei Unklarheiten nachzufragen, als eigene Impulse zu geben. Es wird erkennbar, dass die Verantwortung für die Fortführung des Lernprozesses nun in der Hand der Teilnehmer/innen liegt.

Bei der Abschlussevaluation ist es sinnvoll, zuerst die schriftliche Auswertung (Evaluationsbogen) durchzuführen, um Verfälschungen durch die Dynamik des Gruppengespräches auszuschließen. Die Auswertung in der offenen Runde kann visualisiert werden (z.B. durch Moderationskarten). Dies ist insbesondere dann sinnvoll, wenn weiterführende Gedanken und Überlegungen geäußert werden.

6.1.3 Workshop „Vermittlung interkultureller Kompetenz in der Polizei"

Zielgruppe des Workshops „Vermittlung interkultureller Kompetenz in der Polizei" sind Trainer/innen und Mitarbeiter/innen des LAFP NRW, Trainer/innen der örtlichen Fortbildung in den Polizeipräsidien bzw. Kreispolizeibehörden und mögliche weitere Multiplikatorinnen und Multiplikatoren, die in ihren Arbeitsfeldern zunehmend mit interkulturellen Fragestellungen konfrontiert werden.

Workshop „Vermittlung interkultureller Kompetenz"

1. Tag

Einstieg und Einführung

Begrüßung / Programmablauf / Kennenlernen / Erfassung von Erwartungen und Vorkenntnissen / Einstimmung ins Thema

Kulturverständnis (1)

- Diskussion im Plenum: Fallbeispiel interkultureller Polizeiarbeit
- Trainer-Info und Diskussion: Kultur, Kulturphänomene, individuelle und Gruppenebene, Ebenen von Kultur

Kulturverständnis (2)

- Gruppenarbeit: Kulturelle Selbstanalyse, Auswertung im Plenum
- Trainer-Info und Diskussion: Kulturelle Prägung, National-, Berufs- und Genderkultur

Kulturzentrismus

- Übung: „Die Karte im Kopf"
- Trainer-Info und Diskussion: Kulturzentrismus

Kultur und soziale Wahrnehmung (1)

- Trainingsfilm: „Bewerbung", Gruppenarbeit und Diskussion im Plenum

2. Tag

Kultur und soziale Wahrnehmung (2)

- Trainer-Info und Beispiele: Kulturelle Kategorien, Schemata und Skripte

Kultur in der Interaktion

- Trainer-Info und Diskussion: Selbst- und Fremdzuschreibungen, Stereotype und Vorurteile
- Diskussion im Plenum: Beispiele aus dem Kollegenkreis

Interkulturelle Differenz, interkulturelle Irritationen im Polizeialltag

- Im Plenum: Sammlung möglicher Konfliktfelder
- Trainer-Info: Kritische Ereignisse als Instrument zur Erfassung und Bearbeitung interkultureller Irritationen
- Trainingsfilm: „Zusammenstoß", Diskussion im Plenum

Interkulturalität im Arbeitsalltag der Teilnehmer

- Diskussion im Plenum: Panorama der Workshop-Inhalte, mögliche Anwendungssituationen

Zwischenresümee und Hausaufgabe

3. Tag	4. Tag
Einstieg und Einführung Begrüßung / Programmablauf / Reflexion des ersten Workshops und praktischer Erfahrungen mit dessen Inhalten	**Interkulturell relevante Kompetenzbereiche** • Im Plenum: Sammlung relevanter interkultureller Kompetenzen • Einzelübung: Selbsteinschätzungsübung zu interkultureller (Cross-Cultural Adaptability Inventory) • Trainer-Info: Interkulturell relevanten Kompetenzen in der Polizei
Erfassung von kulturellen Differenzen • Trainer-Info: Muster und Stile, Kulturdimensionen und Dilemmata, Kulturstandards • Einzelübung: Selbsteinschätzungsübung zu Kulturdimensionen • Diskussion im Plenum: Vor- und Nachteile der Nutzung von Kulturdimensionen	**Vermittlung und Förderung interkultureller Kompetenzen (1)** • Trainer-Info und Diskussion: Besonderheiten interkulturellen Lernens, Anforderungen an die Vermittlung interkultureller Kompetenz
Reaktionsmuster gegenüber Fremdheit • Gruppenarbeit: Vergleich bzw. Zuordnung verschiedener Vorgaben, Vorstellung und Diskussion im Plenum • Diskussion im Plenum: Handlungsbedarf	**Vermittlung und Förderung interkultureller Kompetenzen (2)** • Trainer-Info: Lernwiderstände • Trainingsfilm: „Ein schwieriges Geschäft", Gruppenarbeit und Diskussion im Plenum • Diskussion im Plenum: Umsetzungsprobleme in der Organisation **Evaluation und Abschluss**

Abb. 12: Workshop „Vermittlung interkultureller Kompetenz"

Das Qualifizierungskonzept für diesen Workshop geht von repräsentativen Problemen aus, die als Ausgangssituationen für die Lernprozesse dienen. Dies sind Themen, zu denen die Lernenden einen Bezug haben und die für ihre alltägliche Arbeitswelt relevant sind. Dadurch erhalten sie die Möglichkeit, individuelle Problemstellungen in den Lernprozess einzubringen und Lösungen bzw. Erfahrungen aus dem Lernprozess in ihre konkrete Arbeitssituation zu transferieren. Um diese Rückkoppelung mit der beruflichen Praxis zu fördern, wurde der Workshop auch in zwei Teile mit einer Dauer von jeweils zwei Tagen im Abstand von 3 bis 4 Monaten aufgeteilt.

Aus didaktisch-methodischer Sicht setzt der Workshop auf die Verbindung der Expertise der Teilnehmer/innen (sowohl für das Berufsfeld Polizei als auch die dort vorherrschende „Vermittlungskultur") mit anregenden und strukturierenden Inputs der Trainer/innen. Im Sinne des Workshop-Formates werden insbesondere teilnehmeraktivierende, selbstreflexive und erfahrungsorientierte Methoden (kreative Problemlösungsmethoden, Selbsteinschätzungsübungen und Arbeit mit Kritischen Ereignissen) eingesetzt. Filmclips dienen immer wieder zur Veranschaulichung der bearbeiteten Thematik und werden sowohl in Kleingruppenarbeit als auch im Plenum analysiert und diskutiert. Im Workshop dominieren Arbeitsphasen in Kleingruppen; Informationseinheiten (mit Gruppengesprächen) im Plenum liefern die notwendigen theoretischen Grundlagen oder konzeptionellen Klärungen und ergänzen das methodische Repertoire.

Auch in diesem Workshop ist es sinnvoll, mit einem „gemischten" Team aus Trainern und Trainerinnen (mit und ohne Polizeikontext) zu arbeiten (vgl. dazu den Hinweis zum Workshop „Arbeiten in multikulturellen Polizeiteams"). Die externen Trainer/innen sollten grundlegende Kenntnisse zur Vermittlung interkultureller Kompetenz(en) mitbringen, die sie in adäquater Form (unter Berücksichtigung erwachsenenbezogener Lerntheorien und didaktisch-methodischer Kenntnisse) für die Teilnehmenden aufbereiten können.

Intentionen und Ziele

Der Workshop will bei den Teilnehmern/Teilnehmerinnen Interesse für interkulturelle Fragestellungen und Themen wecken bzw. verstärken, sie für den Faktor Kultur in der Interaktion im Polizeialltag sensibilisieren (culture awareness) und sie motivieren, sich auf einen – weitgehend selbstgesteuerten – interkulturellen Lernprozess einzulassen, der über den Rahmen einer Veranstaltung hinausgeht. Auf diese Weise sollen die Teilnehmer/innen in die Lage versetzt werden, im Berufsalltag und insbesondere in Fortbildungs- oder Vermittlungszusammenhängen interkulturelle Fragestellungen aufgreifen, bearbeiten und/ oder selbst einbringen zu können. Sie sollen den interkulturellen Vermittlungsprozess und seine Schwierigkeiten besser durchschauen, die Fallstricke bei der

Förderung interkultureller Kompetenzen erkennen können und mit den theoretischen Hintergründen des Kulturlernens vertraut werden. Dazu werden im Workshop sowohl die entsprechenden konzeptionellen Grundlagen vermittelt als auch spezifische Methoden der Vermittlung interkultureller Kompetenz und hierfür relevante Materialien und Medien vorgestellt.

Wünschenswert ist es, dass möglichst viele Teilnehmer/innen bereits vorher ein „Interkulturelles Sensibilisierungstraining" oder ein interkulturelles Grundlagenseminar im Rahmen der Ausbildung besucht haben: Wenn bereits Grundkenntnisse vorhanden sind und auch schon erste Erfahrungen im Umgang mit der Thematik und „neuen" Vermittlungsformen gesammelt werden konnten, hat der insgesamt viertägige Workshop den Charakter eines Vertiefungsseminars für Fortgeschrittene.

Inhalte und Methoden

Teil 1 (1. und 2. Tag)

1. Einstieg und Einführung

Der erste Block dient dem gegenseitigen Kennenlernen sowie der Klärung der Inhalte und Ziele des gesamten zweiteiligen Fortbildungsangebotes und des konkreten Programms des ersten Workshops. Darüber hinaus werden die Teilnehmer/innen auf eine vorrangig erfahrungs- und teilnehmerorientierte Art des Lernens eingestellt. Bereits beim Betreten des Raumes werden sie von den Trainern/innen aufgefordert, auf fünf ausgehängten Plakaten „Stellung zu beziehen": Sie sollen dabei ihre Erwartungen an den Workshop formulieren, ihr Verständnis von Kultur beschreiben und sich hinsichtlich ihrer eigenen kulturellen Prägung und ihres Verständnisses von Kulturbegegnung selbst einschätzen.

Nach der Begrüßung und Klärung organisatorischer Fragen geben die Trainer/innen einen kurzen Überblick zum Aufbau und zu den Inhalten des zweiteiligen Fortbildungsangebotes. Anschließend werden in einem Plenumsgespräch die Richtziele und die Arbeitsweise des Fortbildungsangebotes vorgestellt und diskutiert.

In der folgenden Vorstellungsrunde stellen sich die Trainer/innen und alle Teilnehmer/innen kurz persönlich vor. Zum Abschluss dieses Einführungsblocks wird das Programm des aktuellen Workshops präsentiert und dabei auch das

81

vorgesehene Programm mit den zuvor geäußerten Erwartungen der Teilneh-
mer/innen (anhand der ausgefüllten Erwartungsplakate) abgeglichen.

2. Kulturverständnis

In einer interaktiv angelegten Informationseinheit werden die Teilnehmer/innen
in relevante theoretische Konzepte und ihre praktische Bedeutung eingeführt.
Ausgangspunkt ist ein konkretes Fallbeispiel aus der Polizeiarbeit, Umfang und
inhaltliche Tiefe des folgenden Vortrags (mit Gruppengespräch) richten sich
nach den Vorkenntnissen der Teilnehmenden. Durch die powerpointgestützte
Visualisierung ergeben sich Ankerpunkte für die Diskussion. Die dialogische
Anlage soll zum einen die Aufmerksamkeit der Lernenden fördern, zum anderen
eine Theorielastigkeit vermeiden helfen, indem die Inhalte laufend auf Praxis-
beispiele transferiert werden. Außerdem können die bereits erfahrenen Teilneh-
mer/innen hier ihre Beiträge einbringen. Zugleich wird für die Trainer/innen erkennbar, wie der Lernstand der Gruppe unter inhaltlichen Aspekten ist.

Um die persönliche Auseinandersetzung mit dem Konzept Kultur anzuregen,
sollen die Teilnehmer/innen anschließend in einer Gruppenarbeit eine ihnen bekannte Kultur beschreiben. Vorgegeben werden hierbei die Kategorien „Deutsche Kultur", „Frauenkultur", „Männerkultur" und „Polizeikultur". Die Übung
macht die verschiedenen Ebenen bzw. Abstraktionsniveaus von Kultur deutlich.
In der Regel wird eine Nähe der „Polizeikultur" sowohl zur „Männerkultur" als
auch zur „deutschen Kultur", jedoch eine gewisse Distanz zur „Frauenkultur"
festzustellen sein.

3. Kulturzentrismus

Das Bewusstmachen des Kulturzentrismus, mit dem Menschen die Welt sehen
und interpretieren, und die Förderung der Fähigkeit zur kulturellen Selbstdistan-
zierung und zur kritischen Reflexion sind zentrale Elemente interkultureller
Fortbildungen. Mit Hilfe von Übungen, die den Teilnehmenden die Kulturabhängigkeit ihres Denkens und Handelns vor Augen führen, kann man die Rela-
tivierung eigener Selbstverständlichkeiten und erste kognitive Umorientierun-
gen unterstützen.

Als Einstieg in diesen Themenblock dient die Übung „Die Karte im Kopf". Die
Ausstellung und Besprechung der von den Teilnehmenden aus dem Kopf ge-
zeichneten Weltkarten führt sofort zum thematischen Kern: Die meisten dieser

Weltkarten zeigen in der Regel eine kulturzentristische Weltsicht, was den Produzenten zuvor meist nicht bewusst war. Nach diesem „Aha-Erlebnis" folgt eine Präsentation unterschiedlichster Weltkarten (gemalt von Teilnehmenden anderer Veranstaltungen aus unterschiedlichen Weltregionen oder Abbildungen aus Atlanten verschiedener Länder), die die mögliche Vielfalt von Weltsichten verdeutlicht. Ein kurzer Exkurs zur Geschichte und Problematik der hierzulande gebräuchlichen Weltkarte (auf Basis der Mercator-Projektion) schließt sich an. Erst danach wird das Thema „Kulturzentrismus" allgemein behandelt (Definition, Beispiele, Problematik etc.). Den Abschluss bildet ein Gruppengespräch, in dem das Konzept von „Selbstbild – Fremdbild – vermutetes Fremdbild" vorgestellt und ein Transfer zur Kulturzentrismus-Idee hergestellt wird.

4. Kultur und soziale Wahrnehmung

Als Einstieg in diesen Themenblock wird der Trainingsfilm („Bewerbung") gezeigt, in dem sich nacheinander vier Bewerber/innen (einer ohne und drei mit Migrationshintergrund) einer Auswahlkommission vorstellen. Die Teilnehmer/innen bilden selbst Auswahlkommissionen und sollen jeweils in ihren Gruppen die Wahl bzw. Zurückweisung von Kandidaten/Kanditatinnen auf Karten begründen und danach im Plenum vorstellen. Die anschließende Diskussion der Gruppenarbeitsergebnisse (Frage: „Wie sind sie denn zu ihrem Ergebnis gekommen?") führt direkt in das Thema „Wahrnehmung" bzw. „Kulturabhängigkeit von Wahrnehmung und Attribution".

Die folgende Präsentation liefert nicht nur theoretische Grundlagen und Erklärungen („Wie funktioniert menschliche Wahrnehmung?"), sondern enthält auch weitere kleinere Übungen zum Verständnis der drei zentralen Bausteine sozialer Wahrnehmung: Kategorien, Schemata und Skripte.

Im abschließenden Gruppengespräch werden die Gruppenarbeitsergebnisse zum Bewerbungsverfahren noch einmal auf die Möglichkeiten eines „kulturellen Bias" analysiert und diskutiert. Die Leitfrage lautet dabei: „Inwieweit beeinflusst Kultur die Wahrnehmung der Bewerber und Bewerberinnen? Welche Normalvorstellungen von einer Präsentation haben eine Entscheidung für die eine und gegen die andere Person nahegelegt?"

5. Kultur in der Interaktion

Der Wahrnehmungs- und Informationsverarbeitungsapparat des Menschen hat die Tendenz, zur Orientierung in neuen Situationen und zur Gewinnung von

Handlungssicherheit fast automatisch auf unzulässig verallgemeinernde bzw. stereotype Vorstellungen zurückzugreifen. Daneben wird die Zuschreibung von bestimmten Eigenarten auch genutzt, um sich von „Anderen" abzugrenzen. Die Aufarbeitung dieser Selbst- und Fremdzuschreibungen und der damit verbundenen Verzerrungen ist ein wichtiger Bestandteil interkultureller Fortbildungen. Ein Ziel ist dabei, die Teilnehmer/innen in die Lage zu versetzen, eigene Stereotype bei Interpretations- und Beurteilungsprozessen zu erkennen und Wege eines flexiblen Umgangs damit aufzuzeigen. Darüber hinaus werden auch erfahrene Stereotypsierungen durch Andere thematisiert. Gemeinsam mit den Teilnehmenden werden Strategien entwickelt, mit denen sich die eigene Individualität „zurückerobern" lässt.

Im Mittelpunkt des Themenblocks steht die Folienpräsentation „Kultur in der Interaktion". Leitfragen im Gruppengespräch sind dabei: „Wie wirkt der Faktor Kultur in der Interaktion?" und „Was unterscheidet die Verwendung von Kategorien und Schemata von der Stereotypisierung?". Den Themenblock beschließt ein Gruppengespräch, in dem Beispiele für kulturelle Interaktionen aus dem Kollegenkreis gesammelt und diskutiert werden.

6. Interkulturelle Irritationen im Polizeialltag

Im ersten Teil dieses Themenblocks werden interkulturelle Irritationen in der Polizeiarbeit – sowohl im Außenverhältnis (d.h. im Kontakt mit einer multikulturellen Bevölkerung) als auch im Innenverhältnis (d.h. in der Zusammenarbeit mit Kollegen und Kolleginnen mit Migrationshintergrund und/oder ausländischen Kollegen/Kolleginnen) – erhoben und verortet.

Im zweiten Teil wird eine zur Bearbeitung von Irritationen und Konflikten in der interkulturellen Interaktion besonders geeignete Methode („Arbeit mit Kritischen Ereignissen") vorgestellt. Unter „Kritischen Ereignissen" versteht man (meist kurze) Beschreibungen von Interaktionssituationen, in denen kulturell unterschiedliche Sicht- und Verhaltensweisen – d.h. unterschiedliche kulturelle Orientierungssysteme – aufeinander treffen. Die beteiligten Personen verstehen ihr gegenseitiges Verhalten nicht (mehr) und es kommt zu Missverständnissen, Irritationen und/oder oft zu einem verdeckten oder offenen Konflikt.

In der Analyse von solchen Kritischen Ereignissen können die Teilnehmer/innen eigen- und fremdkulturelle Elemente in der Interaktion identifizieren, Ursachen für Missverständnisse ergründen und deren Konsequenzen erkennen. Auf dieser Basis lassen sich dann auch Möglichkeiten und Strategien entwickeln (und auf ihre Vor- und Nachteile überprüfen), sich angemessener und erfolgreicher in vergleichbaren Situationen zu verhalten.

Den Abschluss des Themenblocks bildet die Vorführung des Kurzfilms „Zusammenstoß" – ein verfilmtes ‚Kritisches Ereignis' aus der Polizeiarbeit. Dieser Film ermöglicht den Lernenden, an einem typischen Fall aus dem Polizeialltag (eine Unfallaufnahme mit deutschen und türkischen Beteiligten) interkulturelles Wissen zu erwerben und anzuwenden. Im Mittelpunkt der Diskussion stehen alternative Verhaltensmöglichkeiten und -strategien.

7. Interkulturalität im Arbeitsfeld der Teilnehmer/innen

Gegenstand dieses Themenblocks ist zum einen ein inhaltliches Resümee der Veranstaltung, zum anderen die Entwicklung und Diskussion von Transfermöglichkeiten für den Berufsalltag der Teilnehmer/innen als Lehrende bzw. Multiplikatoren/Multiplikatorinnen.

8. Zwischenresümee und ‚Hausaufgabe'

Zum Abschluss des Workshops geht es darum, die Ergebnisse zu bündeln, aber auch über das weitere Vorgehen nachzudenken. Ausgehend von dem Resümee der im Laufe des Workshops erworbenen Einsichten und der Transferideen bekommen die Teilnehmer/innen eine ‚Hausaufgabe' für die Zeit bis zur zweiten Veranstaltung: Sie sollen zum einen Erfahrungen mit dem Gelernten sammeln und über Transfermöglichkeiten berichten, zum anderen zusätzliches Arbeitsmaterial sammeln, d.h. sowohl Situationen und Ereignisse, in denen Sie mit Interkulturalität in ihrem Arbeitsfeld konfrontiert wurden/werden, als auch Sprüche und Reaktionen im Feld kultureller Diversität, die man für Lehr-/Lernmöglichkeiten nutzen kann.

Da bereits im Themenblock 7 ein inhaltliches Resümee des Workshops gezogen und Transfermöglichkeiten diskutiert wurden, beschränkt sich die Abschlussevaluation dieser Veranstaltung auf eine schriftliche Auswertung (Evaluationsbogen) und ein kurzes Gruppengespräch mit Visualisierung.

Teil 2 (3. und 4. Tag)

1. Einstieg und Einführung

Nach der Begrüßung werden in einem Gruppengespräch die Ergebnisse der ‚Hausaufgabe' aus dem ersten Teil dieses Fortbildungsangebotes vorgestellt und diskutiert. Die Teilnehmer/innen bekommen die Möglichkeit, über ihre Erfahrungen mit dem Gelernten zu berichten (Leitfragen sind dabei: „Was konnten Sie aus dem ersten Teil der Veranstaltung in ihre Berufspraxis übernehmen?" „Haben sich in den letzten 4 Monaten neue Fragestellungen ergeben?") und die von ihnen gesammelten Situationen und Ereignisse bzw. Sprüche und Reaktionen im Feld kultureller Diversität vorzustellen.

Zum Abschluss dieses Themenblocks geben die Trainer/innen einen kurzen Überblick zum Aufbau und zu den Inhalten dieses zweiten Teils des Fortbildungsangebotes.

2. Erfassung von kulturellen Differenzen

Für die Beschreibung von Ähnlichkeiten und Unterschieden zwischen Kulturen haben sich drei Konzepte als sehr hilfreich erwiesen:

- Mit der Kategorie des Musters oder des Stils wird versucht, die idealtypische Gestalt einer spezifischen kulturellen Orientierung oder eines Verhaltens zu beschreiben (z.B. Umgang mit Zeit: „monochron" und „polychron" (Hall 1998)).

- Mit sogenannten Dimensionen versucht man „kulturelle Verortungen" von Großgruppen oder Gesellschaften auf einer Skala anzugeben (z.B. Individualismus versus Kollektivismus (Hofstede 2011)).

- Das Konzept der „Kulturstandards" nimmt eine Mittelposition ein: Einerseits beschreiben Kulturstandards zentrale Orientierungen von Gesellschaften, andererseits Normalitätsvorstellungen für individuelles Verhalten (Thomas 2003).

Im ersten Teil dieses Themenblockes werden grundsätzliche Probleme der Beschreibung von Kultur und Kulturdifferenz benannt und die drei Erfassungsansätze von kulturellen Differenzen (Muster und Stile, Dimensionen und Dilemmata, Standards) vorgestellt. Im zweiten Teil werden dann nach einer Selbsteinschätzungs-Übung zu kulturellen Ausprägungen (hier zur Kulturdimension „Machtakzeptanz vs. Machtskepsis" (Hofstede 2011) detaillierter die Vor- und Nachteile der Nutzung von Kulturdimensionen in der Bildungsarbeit diskutiert.

3. Reaktionsmuster gegenüber Fremdheit

Die Diskussionsübung „Ablehnungsreaktionen gegenüber Fremdheit" zielt darauf ab, die Teilnehmer/innen für unterschiedliche Formen der Verarbeitung von bzw. Reaktionen auf Fremdheit zu sensibilisieren. Dabei wird mit einer Sammlung von Texten und Bildern gearbeitet. Die Übung wird im Abschnitt 6.2.3 ausführlich beschrieben.

4. Interkulturell relevante Kompetenzbereiche

In der neueren Forschungsdiskussion wird interkulturelle Kompetenz nicht als eine abstrakte, in den verschiedensten Handlungsbereichen anwendbare Zusatzkompetenz betrachtet, sondern als eine besondere Qualifikation bei der Erfüllung bestimmter beruflicher Anforderungen. Interkulturelle Kompetenz beinhaltet ein Bündel von Fähigkeiten, die einen produktiven Umgang mit der Komplexität kultureller Überschneidungssituationen erlauben. Kompetenzen, die eine Bewältigung solcher Situationen ermöglichen, sind offensichtlich keine rein beruflich-fachlichen, sondern zwischen fachlicher Ausbildung und persönlichen Fähigkeiten liegende „Qualitäten". Es handelt sich um ein Spektrum von mehr oder weniger eng an die Person gebundenen komplexen Fähigkeiten, die zum Teil nur bedingt durch Bildungsangebote beeinflussbar sind bzw. in einer nur vom Subjekt ausgehenden Initiative in einem langfristigen Lernprozess erworben werden können.

Getreu der gruppenpädagogischen Grundregel („Stelle fest, wo die Gruppe steht, und setze dich gemeinsam mit ihr in Bewegung!") beginnt der Themenblock mit einem moderierten Gruppengespräch: Dabei werden Eigenschaften, Fähigkeiten und/oder Fertigkeiten, die aus der Sicht der Teilnehmer/innen für das Gelingen einer interkulturellen Interaktion wichtig sind, gesammelt. Das Material wird dann diskutiert, „geclustert" und abschließend mit einer Punktabfrage bewertet. Danach folgt ein Selbsteinschätzungstest zur interkulturellen Anpassungsfähigkeit (Kelley, C. & Meyers, J. 1995). Gut moderierte Selbsteinschätzungsübungen und/oder Instrumente wie der Cross-Cultural Adaptability Inventory (CCAI) unterstützen die Reflexivität der Teilnehmer/innen und ermutigen sie, nichtwertend und offen mit interkulturellen Fragestellungen umzugehen. Sich selbst und andere in der Begrifflichkeit einer Selbsteinschätzungs-Übung beschreiben bzw. analysieren zu können, ist eine wertvolle Hilfe bei der Verständigung über das theoretische Konzept der interkulturellen Kompetenz.

Den Abschluss dieses Themenblocks bildet eine Powerpoint-Präsentation (mit anschließendem Gruppengespräch) zu interkulturell relevanten Kompetenzen in der Polizei, in der auch Fragestellungen zur Kompetenzentwicklung im Organisationskontext thematisiert werden.

5. Vermittlung und Förderung interkultureller Kompetenzen

Eine Besonderheit interkulturellen Lernens besteht in der Anforderung, selbstreflexive, die bestehenden Orientierungen umorganisierende Lernstrategien zu entwickeln. In interkulturellen Lernprozessen ist weniger Anschlusslernen, sondern vielmehr Umlernen gefordert. Davon sind Lebens- und Berufserfahrungen betroffen, die mit der persönlichen und beruflichen Identität eng verwoben sind und daher eine entsprechende emotionale Bindekraft entwickelt haben. Interkulturelle Lernprozesse rufen allgemeine und je nach Hintergrundkultur auch zusätzliche spezifische Lernwiderstände hervor, die bestimmten Inhalten, aber auch bestimmten Vermittlungsmethoden gelten können.

Der Themenblock beginnt mit einer Folienpräsentation und einem Gruppengespräch zu den Besonderheiten und Anforderungen der Vermittlung interkultureller Kompetenzen. Im Anschluss kann als Einstieg in das Thema „Lernwiderstände" der in diesem Projekt produzierte Trainingsfilm „Ein schwieriges Geschäft" gezeigt werden. Danach bearbeiten die Teilnehmer/innen in Kleingruppen mögliche Lernwiderstände im Kontext der Polizeiweiterbildung und analysieren Erscheinungsformen, Ursachen und Lösungen. Zum Abschluss werden Umsetzungsprobleme in der Organisation diskutiert.

6. Evaluation und Abschluss

Zum Abschluss des Workshops geht es darum, die Ergebnisse zu bündeln, aber auch über Handlungskonsequenzen nachzudenken. Die Teilnehmer/innen werden dabei aufgefordert, zum einen die im Laufe des Workshops erworbenen Einsichten zu begutachten, zum anderen sich Gedanken zum Transfer des Gelernten in den Arbeitsalltag zu machen.

Zunächst werden die Teilnehmer/innen zu einem kurzen visualisierten Feedback zum Workshop aufgefordert. Die Leitfragen dabei sind:

- Welche Erkenntnisse nehmen Sie aus der Veranstaltung mit?

- Welche Handlungsstrategien könnten für Sie in Ihrem Arbeitsalltag hilfreich sein?

- Welche Möglichkeiten der Verbreitung der Inhalte in Ihrem Arbeitsbereich sehen Sie?

6.2 Entwicklung besonderer Medien und Instrumente

6.2.1 Kurzfilme

„Die ganzen Köppe hier…"

Magdalena und Sinan haben einen „Migrationshintergrund", Bernd ist Vegetarier, Klaus arbeitet in Teilzeit und Melanie behauptet sich als Frau im Polizeialltag. Die wachsende Vielfalt im Kreis der Kolleginnen und Kollegen kollidiert mit den eingespielten Mustern einer auf Homogenität basierenden Polizeikultur. Das äußert sich in Frotzeleien und Reibereien im Alltag der Dienstgruppen. Auch Außenstehenden bleibt nicht verborgen, wie stark sich Polizei kulturell verändert.

Länge: 7:13 Min.

Im Rahmen dieses XENOS-Projektes wurden mit einem türkischen Regisseur und einem multikulturell zusammengesetzten Produktionsteam drei Kurzfilme für den Einsatz in den neu entwickelten Fortbildungsangeboten zur Förderung kultureller Diversität produziert.

„Das ist nicht mehr meine Polizei!"

Beurteilungskriterien, Punktelisten, dienstliche Einschränkungen, Sondereinsätze: Die zunehmende kulturelle Vielfalt des Personals stellt die eingespielten Bewertungs- und Entscheidungskriterien der Polizei auf den Prüfstand: eine Herausforderung für Führungskräfte!

Der Film greift die Schwierigkeiten auf, die sich durch den Anspruch auf Gleichbehandlung und die notwendige Berücksichtigung von Unterschiedlichkeit für das Führungshandeln ergeben.

Länge: 10:24 Min.

Die Kurzfilme basieren durchgängig auf Fallmaterial aus der Berufspraxis, das in Interviews erhoben wurde. Es handelt sich um Interaktionssituationen, die von den Beamtinnen und Beamten als schwierig und belastend empfunden wurden und die innerhalb der Organisation zu einer Stereotypisierung bestimmter Fremdheitserfahrungen führen können. Die Verdichtung des Materials erfolgte in einem Brainstorming-Workshop mit einer Gruppe von „Expertinnen" und „Experten" aus der Polizei.

Ein Workshop zur interkulturellen Sensibilisierung von Polizeibeamtinnen und Polizeibeamten entwickelt sich für alle Beteiligten zu einem „schwierigen Geschäft". Sobald Vertreter/innen aus Theorie und Praxis aufeinanderstoßen, bleiben Rangeleien um den Vorrang der jeweiligen Expertise nicht aus ...

Der Film zeigt, wie unterschiedliche Vorstellungen und Lernerwartungen in einer interkulturellen Fortbildung aufeinandertreffen und mit welchen Widerständen die Trainer/innen umgehen müssen.

Länge: 21:43 Min.

Die Trainingsfilme wurden – auf professionellem Fernsehniveau – digital produziert. Dies sichert zum einen eine hohe Qualität der Präsentation und zum anderen aufgrund der hohen Portabilität der Abspielgeräte (DVD-/Blu-Ray-Player im Laptop, Beamer) eine relativ unproblematische – auch großformatige – Wiedergabe der Filme in den Veranstaltungen.

Was im Alltag ärgert oder Unverständnis auslöst, kann in einem ersten Schritt jetzt im Film genauer unter die Lupe genommen werden (Zeitlupe; Wiederholung). Im Training können gleichsam unter Laborbedingungen Alltagssituationen und das, was in ihnen Ablehnung auslöst, analysiert und bearbeitet werden

Dieses Vorgehen soll insbesondere vorschnelle Bewertungen und kulturzentristische Einordnungen vermeiden helfen. Die Filme bieten keine einfachen Lösungen an. Sie helfen vielmehr, ein differenziertes Umgehen mit Irritationen einzuüben, das auch außerhalb des Trainings selbständiges interkulturelles Lernen ermöglicht. In einem zweiten Schritt können dann anhand der verfilmten Interaktionssituationen von den Teilnehmerinnen und Teilnehmern mögliche Reaktionsweisen und Strategien entwickelt und auf ihre Vor- und Nachteile überprüft werden. Ziel ist, sich angemessener und erfolgreicher in vergleichbaren Situationen zu verhalten.

Bei der Produktion der Filme wurde auf drei Aspekte besonderer Wert gelegt:

- *Komplexität:* Die Komplexität realer interkultureller Überschneidungssituationen lässt sich gerade im Film sehr gut umsetzen: Die Vielschichtigkeit von Handlungsverläufen, die Überlagerung situativer, personaler und kultureller Einflussfaktoren wird in die Filmhandlung verwoben.

- *„Unterhaltsamkeit":* Entgegen der pädagogischen „Einsinnigkeit" vieler Lehr- und Lernfilme, die ihre Botschaft gleichsam mit einem „erhobenen Zeigefinger" an die Rezipienten vermitteln, liegt den hier produzierten Filmen die Idee zugrunde, eine interessante und anregende Lernoberfläche zu entwerfen.

- *Offenes Ende*: Die Filme stellen Miniaturen oder Momentaufnahmen alltäglicher interkultureller Interaktionssituationen dar. Wie bei einer Kurzgeschichte fehlen Vorgeschichte oder Details zum Kontext: Der Handlungsstrang wird häufig nicht zu einem Ende geführt. Die Situation endet oft mit einer Irritation oder einem sich gerade entwickelnden Konflikt; der Film bricht an dieser Stelle ab und lässt diesen Konflikt ungelöst stehen.

6.2.2 Aufstellübung „Ein Roter bei den Grünen"

Diese Übung verknüpft Inhalte des US-amerikanischen Animationsfilms „The Tale of O" (nach einer Idee von Rosabeth Moss Kanter) mit der Methode der Aufstellung: Verschiedenfarbige (rote und grüne) Spielfiguren werden so aufgestellt, dass sie typische Konstellationen zum Thema Mehrheit/Minderheit bzw. Inklusion/Exklusion darstellen (für eine praxisorientierte Darstellung siehe auch Kapitel 6.1.2). Der spielerische Charakter der Übung abstrahiert von der polizeilichen Realität und erlaubt eine gewisse Leichtigkeit im Umgang mit eigentlich recht brisanten Fragen. Mit der Abstraktion ist eine Fokussierung verbunden, die Gruppenthemen im Zusammenhang mit Diversität „augenfällig" werden lässt.

In inhaltlicher Hinsicht dient diese Übung dazu, Erinnerungen der Teilnehmer/innen an solche Gruppenprozesse und die sich damit verändernden Machtkonstellationen zu wecken. Daran anschließend kann man mit den Teilnehmerinnen und Teilnehmern reflektieren, mit welchen Gefühlslagen Menschen sich in solch unterschiedlichen gruppendynamischen Positionen auseinandersetzen müssen. Dies betrifft Phänomene wie beispielsweise die Vereinzelung einer Person in einer ansonsten homogenen Gruppe, ihre besondere Sichtbarkeit sowie verstärkte Beobachtungen, erhöhte Erwartungen und Ausgrenzungsneigungen seitens der Mehrheitsgruppe. Damit kann eine Tendenz zur Überanpassung korrespondieren – mit überhöhten Selbstanforderungen und der Entwicklung von Stressgefühlen bei den Minderheitsangehörigen. Die Simulation eröffnet die Chance, die scheinbare „Gesetzmäßigkeit" solcher Prozesse in Frage zu stellen, alternative Sichtweisen einzunehmen und Handlungsoptionen aus Sicht der verschiedenen Figuren zu diskutieren.

Ein weiterer methodischer Aspekt dieser Übung ist die Mobilisierung der Teilnehmer/innen in mehrfacher Hinsicht. Das betrifft nicht nur die veränderte Sicht auf das Thema, sondern auch das Setting: Die an der Übung Beteiligten können nicht nur im Brainstorming selber Fallbeispiele und Fallkonstellationen einbringen, sondern auch aktiv in die Positionierung der Spielfiguren und in die Entwicklung der Gruppendynamik eingreifen oder durch einen Platzwechsel einen anderen Blickwinkel auf das Geschehen einnehmen.

6.2.3 Diskussionsübung „Reaktionsmuster auf Fremdheit"

Interkulturelle Begegnungen werden unter anderem auch durch Bilder und Vorstellungen beeinflusst, die die Akteure voneinander haben. Diese werden vor allem dann aktiviert, wenn Fremdes verunsichernd wirkt bzw. wenn eine deutliche Abgrenzung zu einer Fremdgruppe intendiert ist.

Es geht bei dieser Übung um eine Auseinandersetzung mit unterschiedlichen Reaktionsmustern auf „Fremdes" oder „Andersartiges", wie sie Polizeibediensteten in ihrem Arbeits- und Weiterbildungs-Alltag begegnen und zu denen sie sich wertend und beurteilend positionieren müssen. Dies wird besonders deutlich am Beispiel rassistischer Äußerungen, denen sie entgegentreten müssen.

Die Übung nutzt als Material eine Sammlung von Texten und Bildern, die selbst eine Reaktion auf „Fremdheit" bzw. „Andersartigkeit" darstellen oder diese thematisiert wird. Zu Beginn werden exemplarisch zwei Elemente der Text- bzw. Bildsammlung präsentiert; die Teilnehmer/innen werden aufgefordert, sich zu diesen zu äußern. Um den Sinn der anschließenden Übung zu verdeutlichen, werden dafür ein eher harmloses (z.b. auf Stereotypen anspielendes) Element und ein Bild bzw. ein Text mit deutlich rassistischem Inhalt genutzt. Die Teilnehmenden sollen dann in einer Gruppenarbeit ein umfangreicheres Set aus Bildern und Texten analysieren, diskutieren und sie nach der Einschätzung ihrer Brisanz sortieren („Welche Reaktion ist eigentlich normal, welche problematisch?"). Jede Gruppe hängt die Materialien in der von ihr für plausibel gehaltenen Reihenfolge auf eine Pinnwand und stellt ihre Ergebnisse im Plenum vor.

Da die verschiedenen Gruppen in der Regel zu unterschiedlichen Ergebnissen kommen (und auch in den Gruppen erhebliche Meinungs- und Bewertungsunterschiede auftreten), entwickelt sich durch den Vergleich der unterschiedlichen „Ranglisten" eine Diskussion über die Bedeutung der in den Texten und Bildern enthaltenen „Botschaften" sowie über individuell unterschiedliche Bewertungsstandards. Über diese Auseinandersetzung schärft sich der Blick auf die eigene Deutung und Bewertung von Fremdheit bzw. der sie auslösenden Reaktionsmuster. Weiterhin kann die Kontextabhängigkeit der Bedeutung bildlicher oder sprachlicher Botschaften herausgearbeitet werden. Vor diesem Hintergrund lässt sich auch diskutieren, in welchen Situationen von den Beamten und Beamtinnen eine mehr oder weniger starke Positionierung oder sogar eine Intervention gefordert ist und wie angemessene Handlungsstrategien aussehen könnten. Abschließend werden den Teilnehmenden verschiedene theoretische Konzepte zur Einordnung von Fremdheitsreaktionen vorgestellt. Es kann dann auch versucht werden, das Übungsmaterial entsprechenden Konzepten zuzuordnen.

Alternativ zum beschriebenen Verlauf kann die Übung auch von den (seitens der Trainer erläuterten) theoretischen Konzepten ausgehen. In der Gruppenarbeitsphase besteht die Aufgabe der Teilnehmenden dann in der Zuordnung der Phänomene zu den zuvor eingeführten Konzepten (wie „Rassismus", „Ethnozentrismus", „Wohlstandchauvinismus", „Stereotypisierung" oder dgl.).

7 Impulse zur Organisationsentwicklung

7.1 Voraussetzungen erfolgreicher Qualifizierungsmaßnahmen

Eine Grundsatzempfehlung unseres (die besonderen Bedingungen der Polizei berücksichtigenden) Diversitätskonzeptes lautet, die Chancen zunehmender Diversität in der Organisation auf jeden Fall zu nutzen. Allerdings wird von schematischen Proporzaktionen z.b. in der Personalauswahl (siehe dazu die Ausführungen im Abschnitt 4) strikt abgeraten und statt dessen empfohlen, in einen sich selbst verstärkenden Prozess von interkulturellen Bildungs- und Organisationsentwicklungsanstrengungen zu investieren: Mehr Diversität ist nur dann von Vorteil, wenn es gleichzeitig gelingt, eine diversitätsoffene Organisationskultur zu entwickeln, die dem neu hinzugekommenen Personal Entfaltungsmöglichkeiten bietet und Reibungsverluste gering hält.

Entsprechende Weiterbildungsmaßnahmen müssen dazu eine Stimmigkeit aufweisen, d.h. einer konsistenten Diversitätsstrategie folgen und bis in die methodische Umsetzung zu den zugrunde gelegten Kultur- und Diversitätskonzepten passen. Der mittel- und langfristige Erfolg solcher Bildungsmaßnahmen in einer Organisation hängt allerdings nicht zuletzt davon ab, ob auch eine äußere Einbindung in weitere Maßnahmen der Personal- bzw. Organisationsentwicklung gelingt. Solche für den Bereich des Personalmanagements sinnvolle Maßnahmen sind in Abb. 13 zusammengefasst (vgl. Leenen 2005: 103).

Je besser es gelingt, Weiterbildung in ein solches Set von weiteren interkulturellen Organisationsentwicklungsmaßnahmen einzufügen, desto eher lassen sich Gefahren einer „Verinselung" von interkultureller Bildung in der Organisation und einer „Immunisierung" des Personals gegen neuartige interkulturelle Lernanreize verhindern (vgl. Leenen, Grosch & Groß 2002). Im Rahmen eines öffentlich geförderten Kooperationsprojektes gibt es allerdings nur begrenzte Möglichkeiten, direkt auf derartige organisationale Veränderungen hinzuwirken. Es können zunächst nur Anstöße in Richtung auf eine schrittweise Änderung der Organisationskultur im oben dargestellten Sinn gegeben werden. Es wurde zwar im Rahmen des Projektes versucht, über den Aufbau eines Netzwerks (Stakeholder) und über einen laufenden Austausch mit der Führungsebene des zentralen Fortbildungsträgers innerhalb der Polizei in NRW strategische Impulse zur Förderung einer „diversitätsoffenen" Organisationskultur zu

entwickeln. Die systematische und gezielte Umgestaltung einer historisch gewachsenen und verfestigten Organisationskultur ist aber durch solche Maßnahmen nicht einfach „herstellbar". Gerade in einer hochbürokratisch strukturierten
Großorganisation können organisationskulturelle „Sedimentierungen" nur langfristig „abgetragen" und durch eine geänderte soziale Praxis der Organisationsmitglieder modifiziert werden. Ein mit einer Großbehörde kooperierendes ex-
ternes Hochschulinstitut kann nur die Entscheidungsträger für diese Problematik
sensibilisieren und auf diese Weise schrittweise zu einer Veränderung der Organisation beitragen.

Personalmanagementphase	Aktionsbeispiel
Personalplanung	Festlegung von für verschiedene „Kulturen" offenen Anforderungsprofilen (Abkehr von Homogenitätsvorstellungen bezüglich des benötigten Personals)
Personalsuche	Nutzung zielgruppenorientierter Kommunikationskanäle
Personalauswahl	Sicherstellung interkultureller Kompetenz in Auswahlgremien Kulturfaire Auswahlinstrumente
Personalführung	Interkulturelle Führungstrainings Diversityorientierte Beurteilung von Führungskräften
Personalentwicklung	Spezifische Maßnahmen der Personalentwicklung bzw. Karriereplanung
Personalbindung	Bildung (erfolgreicher) interkultureller Teams

Abb. 13: Einbettung in ein interkulturelles Personalmanagement

Da im Rahmen des Fortbildungsprojektes Ressourcen für Organisationsentwicklungsmaßnahmen kaum zur Verfügung standen, wurden die Aktivitäten in diese Richtung auf drei Bereiche konzentriert:

a) „Management commitment": Die laufende Information / Konsultation der verantwortlichen Leitungspersonen zur Sicherung der politischen Unterstützung des Projektes

b) Gemeinsame Entwicklung von strategischen Ideen zur Absicherung des Projektes nach Ablauf der Projektförderung

c) On-the-job-Qualifizierung des „Pools" der Trainer/innen im LAFP NRW

Zum letztgenannten Aspekt wurden Workshops im Team-Teaching durchgeführt, Veranstaltungen gemeinsam geplant bzw. reflektiert und entsprechende Materialien zur Durchführung der Workshops erstellt. Eine systematische Grenze bei einem solchen Aufbau von Expertise in der Polizei ergab sich aber im Hinblick auf Personalauswahl und Personaleinsatz (Qualifikation und Rotation, siehe dazu die Ausführungen unter 7.2 Strategische und operative Empfehlungen).

Zur Umsetzung der unter a) und b) benannten Zielvorstellungen wurden *regelmäßige Austauschtreffen* mit der Leitung der Abt. 3 des LAFP NRW durchgeführt. Im Rahmen inhaltlich dazu passender öffentlichkeitswirksamer Veranstaltungen (insbesondere im Rahmen des jährlich stattfindenden „Tags der Kulturen"), aber auch in einschlägigen Veröffentlichungen der Polizei wurde das Projekt vorgestellt und über die damit verbundenen organisationsbezogenen Implikationen diskutiert.

7.2   Strategische und operative Empfehlungen

Im Rahmen der Abschlussveranstaltung zum Projekt, aber auch am „Tag der Kulturen" 2012 wurden Impulse zur Organisationsentwicklung in Form folgender Empfehlungen formuliert:

1. Überprüfung des Personalmarketings, insbesondere der Ansprache potentieller Bewerberinnen und Bewerber mit Migrationshintergrund

2. Integration der Kriterien „Interkulturelle Kompetenz" und „Kulturfairness" in bestimmte Phasen des Auswahlverfahrens

3. Stärkung/Ausbau der interkulturellen Aus- und Fortbildung

4. Diversitätsoffene Organisationskultur als Bestandteil des Leitbildes

7.2.1 Überprüfung des Personalmarketings

Der erste Aspekt zielt auf das Image der Polizei im Hinblick auf die Zielgruppe möglicher qualifizierter Bewerber/innen mit Migrationshintergrund. Hierzu bedarf es einer geeigneten Kommunikationsstrategie, die auch die Frage zielgruppenspezifischer Kommunikationswege mit einbezieht. Grundsätzlicher sollte geprüft werden, wie es um das Ansehen der Polizei als möglicher Arbeitgeber in unterschiedlichen kulturellen Milieus bestellt ist und wie es sich ggfs. verbessern lässt.

7.2.2 „Interkulturelle Kompetenz" und „Kulturfairness" im Auswahlverfahren

Für die Entwicklung einer diversitätsoffenen Organisation ist es von strategischer Bedeutung, dass bereits bei der Personalauswahl Mitarbeiter/innen gewonnen werden, die entweder schon über interkulturelle Kompetenzen verfügen oder aber die individuellen Voraussetzungen für interkulturelle Bildungs- und Organisationsentwicklungsprozesse mitbringen. Dies gilt für Bewerber/innen mit und ohne Zuwanderungsgeschichte gleichermaßen. Personalentwicklungsmaßnahmen können auf dieser Basis aufbauen; fehlende personale Entwicklungspotenziale lassen sich allerdings nur in sehr begrenztem Maße durch Fortbildung kompensieren.

Dieses Thema ist Gegenstand eines im Jahr 2012 begonnenen neuen Kooperationsprojekts zwischen dem *Forschungsschwerpunkt Interkulturelle Kompetenz* der Fachhochschule Köln und dem LAFP NRW („Interkulturelle Kompetenz und Inklusion in der Personalauswahl der Polizei", ein Projekt im Rahmen des Programms XENOS – Integration und Vielfalt; ausführlich dazu siehe Leenen, Stumpf & Scheitza, im Druck). Hierzu wird das derzeitige Auswahlverfahren der Polizei NRW für die Einstellung in den Polizeidienst unter zwei Gesichtspunkten untersucht:

1. die Erfassung der Voraussetzungen interkultureller Kompetenzentwicklung bei allen Bewerberinnen und Bewerbern durch Formulierung entsprechender Auswahlkriterien und Optimierung der Auswahlverfahren (Integration „Interkultureller Kompetenz" in das Kompetenzprofil);

2. die Beseitigung unbeabsichtigter bzw. versteckter Zugangshindernisse in den Testverfahren, die das Risiko des Scheiterns bei Bewerberinnen und Bewerbern mit Migrationshintergrund fördern könnten (Erhöhung der Kulturfairness des Verfahrens).

Zusätzlich wird für die im Auswahlverfahren eingesetzten Beurteiler/innen ein Workshop zum Thema „kultursensible Beobachtung und Bewertung im Bewerbungsverfahren" entwickelt und durchgeführt. Ergebnisse dieses Projektes sind im Laufe des Jahres 2014 zu erwarten.

7.2.3 Ausbau der interkulturellen Aus- und Fortbildung

Die dauerhafte Absicherung von Fortbildungsmaßnahmen über die Projektphase hinaus erfordert nicht nur eine Platzierung in der Organisation und ihrer Angebotsstruktur, sondern auch eine Sicherung der inhaltlichen Qualität durch entsprechend qualifiziertes Personal. Bei der Prüfung von Umsetzungsmöglichkeiten stößt man zwangsläufig auf die Frage nach dem Ort, von dem aus interkulturelle und Diversitäts-Themen in die Organisation hineingetragen werden könnten, und nach der ausgewiesenen Fachlichkeit, mit der dies geschehen könnte.

Im Bereich der *Ausbildung* an den Fachhochschulen für öffentliche Verwaltung in NRW gibt es keine auf Interkulturalitäts- und Diversitätsfragen spezialisierte Professur. Die Einrichtung einer solchen *Professur mit sozial- oder humanwissenschaftlichem Hintergrund* ist für eine entsprechende Ausbildung des Polizeinachwuchses dringend geboten.

Im Bereich der *Fortbildung* hat die Polizei für die Bearbeitung des Themenfelds bisher Beamtinnen und Beamte eingesetzt, die sich für einen Zeitraum von vier Jahren in Fragen interkultureller Fortbildung einarbeiten und dann wieder in den allgemeinen Polizeidienst zurückgehen. Die positiven Aspekte einer solchen Personalpolitik (Sicherung des Feldbezugs durch die zeitnahe Berufserfahrung) stehen allerdings in deutlichem Widerspruch zu der hohen Komplexität des Lerngegenstands Interkulturalität / Diversität und seiner Umsetzung in Trainings oder interkulturelle Lernarrangements. Mit dem Rotationsprinzip wird die Chance vertan, Expertenwissen und Trainings-Know-how zu akkumulieren und aus dem schon Erreichten ein interkulturelles Kompetenzzentrum zu schaffen.

Die während der Projektphase vollzogene Ausweitung der Personalstellen mit diesem Schwerpunkt ist sehr zu begrüßen. Zur nachhaltigen Sicherung der Expertise ist aber darüber hinaus eine stabile und qualitativ passende Ausstattung mit interkulturellen Fachkräften erforderlich.

7.2.4 Leitbild einer „diversitätsoffenen Organisationskultur"

Angesichts knapper Ressourcen und damit auch konkurrierender Anforderungen aus anderen Feldern hängt der Erfolg solcher Maßnahmen von einer klaren politischen Willensbekundung ab, die die Entwicklung einer diversitätsorientierten Organisationskultur nicht nur mit der entsprechenden Priorität versieht, sondern auch die dazu notwendigen strategischen Ziele und Umsetzungsprinzipien formuliert. Hierzu bietet sich eine Integration des Diversitätsgedankens in das *Leitbild* der Polizei an. Eine solche Integration zielt auf eine Veränderung der „Corporate Identity" im Innenverhältnis und trägt zudem zu einer veränderten Außendarstellung der Polizei bei.

8 Evaluation (Autor: Jürgen Bärsch)

Das Projekt wurde extern durch das koelnInstitut iPEK[8] unter Leitung von Dr. Jürgen Bärsch evaluiert. Die Evaluation zielte darauf ab, Rückmeldungen seitens der Teilnehmer der durchgeführten Workshop-Angebote zeitnah auszuwerten und diese im Projektablauf zu berücksichtigen (formative Evaluation). Am Ende des Projektes wurde auf der Grundlage der Etappenergebnisse eine summative Evaluation erarbeitet. Diese nahm sowohl kurz- als auch langfristige Wirkungen der Weiterbildungsangebote in den Blick.

8.1 Ziele, Instrumente und Untersuchungsteilnehmende

Die Ziele der Evaluation wurden folgendermaßen konkretisiert:

1. Einschätzungen zur Qualität der Fortbildungsangebote

2. Erkenntnisse zu den Lernerfolgen

3. Aussagen zur Nachhaltigkeit der Angebote

4. Belege für Auswirkungen des Projektes auf den Organisationsalltag

Allen Teilnehmenden wurden zu Beginn und am Ende der Workshops jeweils zwei Kernaussagen zur Selbsteinschätzung und Positionierung vorgelegt. Ein Vergleich der Antworten liefert Indikatoren zum Lernerfolg der betreffenden Veranstaltung. Die Einschätzungen wurden von allen Teilnehmenden einzeln durch Klebepunkte oder Ankreuzen auf einem großen Plakat markiert. Ein detaillierter Feedback-Fragebogen, der von den Teilnehmenden direkt nach dem Workshop zu bearbeiten war, lieferte weitergehende Informationen zu den Lernerfolgen sowie differenzierte Einschätzungen zur Qualität der Fortbildungsangebote.[9] Der Fragebogen war dabei jeweils auf die Inhalte des betreffenden

---

8   Siehe http://www.koelninstitut-ipek.de, abgerufen am 14.1.2013.

9   Die Fortbildungsangebote hatten zu Beginn Workshop-Charakter und wurden ständig neu auf die Bedürfnisse der Teilnehmer/innen justiert. Im Ergebnis wurden die eingesetzten Fragebögen mehrfach überarbeitet. Die Evaluationsergebnisse beziehen sich daher nicht auf jede Lerneinheit, sondern auf einige zentrale (und gewünschte) Lerneffekte.

Workshops zugeschnitten. Aussagen zur Nachhaltigkeit der Angebote, aber auch zu den Auswirkungen des Projektes auf den Organisationsalltag wurden durch eine Online-Nachbefragung sechs Monate nach dem Workshop gewonnen. Die teilnehmende Beobachtung von Team-Sitzungen komplettierte die Datensammlung und verschaffte dem Evaluator einen Einblick in die einzelnen Projektschritte und die Projektsteuerung.

Zielgruppen	Workshop-Typus	Mit Feedback-Fragebogen evaluierte Veranstaltungen	Per Online-Nachbefragung erfasste Veranstaltungen
Bedienstete im Wach- und Wechseldienst	Interkulturelle Kompetenz in der Polizeiarbeit	16	8
Führungskräfte der Polizei	Umgang mit Diversität als Führungsaufgabe	5	2
Bedienstete mit und ohne Migrationshintergrund	Zusammenarbeit in multikulturellen Teams	4	4
Bedienstete in der Aus- und Fortbildung (Lehrende)	Interkulturelle Kompetenz für Lehrende	4	3

Abb. 14: Überblick über die evaluierten Fortbildungsveranstaltungen

An den verschiedenen Befragungen nahm folgende Anzahl von Personen teil:

Befragungsinstrument	Rücklauf
Vorher-Nachher-Vergleichsfrage	258
Feedback-Fragebogen (direkt nach dem Workshop):	408
Nachbefragung (online):	124 (kontaktiert: 216)

Abb. 15: Befragungsinstrumente und Rücklauf

8.2 Bewertung der Fortbildungsangebote: Qualität und Lernerfolge

Die Qualität der Seminare wurde gemessen an den Befragungsergebnissen aus den Instrumenten „Vorher-Nachher-Vergleichsfrage" und „Feedback-Fragebogen" insgesamt als sehr hoch eingeschätzt. Besonders der Workshop „Interkulturelle Kompetenz für Lehrende" erzielte Höchstnoten. Das Angebot „Umgang mit Diversität als Führungsaufgabe" wurde am wenigsten positiv bewertet.[10]

Bewertung der Trainer/innen

Die Bewertung der Trainer ist stabil in einem Bereich zwischen 1,1 und 1,9 auf einer vierstufigen Bewertungsskala (von 1 = sehr gut bis 4 = nicht befriedigend). Die Unterscheidung der Bewertung nach Trainierenden aus dem LAFP NRW bzw. der FH Köln wurde erst später eingeführt und führte zu keinen signifikanten Unterschieden zwischen den Gruppen.

---

10 Die weniger positiven Beurteilungen dieses Workshops sind allerdings weitestgehend auf eine Veranstaltung zurückzuführen, bei der die Teilnehmenden aufgrund einer Fehlinformation andere Lerninhalte erwartet hatten.

Einschätzung der Lernmethoden	Zielgruppenseminare				
„Folgende Lernmethoden fand ich für mich besonders hilfreich/gut:"	Interkulturelle Kompetenz in der Polizeiarbeit	Arbeit in multikulturellen Teams	Kulturelle Diversität als Führungsaufgabe	Interkulturelle Kompetenz für Lehrende (Modul 1 und 2)	insgesamt
Gruppenarbeit	1,76	1,47	1,71	1,30	**1,56**
Kritische Ereignisse verfilmt	1,63	1,45	1,94	1,38	**1,60**
Kritische Ereignisse als Fallbeispiele	1,51	1,34	2,03	1,37	**1,56**
Simulation	1,75	1,86	–	–	**1,81**
Trainerinformation	1,57	1,61	1,90	1,44	**1,63**
Selbsteinschätzungsübung	1,80	1,78	1,99	1,38	**1,74**
Abschlussbewertung	1,83	1,59	1,98	–	**1,80**
Einschätzung insgesamt	**1,68**	**1,58**	**1,93**	**1,37**	**1,67**
Basis:					
Anzahl ausgewertete Seminare	16	4	5	4	29
Ausgewertete Fragebögen = Teilnehmer/innen	220	57	70	61	408

Erläuterung: Durchschnittswerte aus den gesamten Seminarreihen;
Trifft voll zu=1, trifft eher zu=2, trifft eher nicht zu=3, trifft überhaupt nicht zu=4

Abb. 16: Lernmethoden im Workshopvergleich

In den Veranstaltungen „Zusammenarbeit in multikulturellen Teams" wurden die Trainierenden am besten bewertet, in den Workshops zum „Umgang mit Diversität als Führungsaufgabe" am relativ schlechtesten.

Bewertung eingesetzter didaktischer Methoden

Die eingesetzten Methoden trafen ebenfalls auf große Zustimmung. Besonders positiv war die Beurteilung von den Teilnehmenden der Workshops „Interkulturelle Kompetenz für Lehrende", was aufgrund einer gewissen Neugier auf neue Methoden seitens dieser Zielgruppe auch nicht überrascht. Im Workshop „Umgang mit Diversität als Führungsaufgabe" sind die Rückmeldungen weniger positiv, aber immer noch im Zweier-Bereich; mit einem Wert von 2,03 wird hier die Methode der „Kritischen Ereignisse" zwar immer noch als gut, aber vergleichsweise am schlechtesten bewertet (siehe Abbildung 16).

Aussagen zur Akzeptanz und Relevanz der Themen

Einschätzung der Relevanz und Akzeptanz der Seminarthemen	Zielgruppenseminare				
	Interkulturelle Kompetenz in der	Arbeit in multikulturellen Teams	Kulturelle Diversität als Führungsaufgabe	Interkulturelle Kompetenz für Lehrende	insgesamt
Die Wichtigkeit der Seminarthemen für meine eigene Arbeit wurde mir klar	1,53	1,36	1,84	1,22	**1,49**
Ich habe Lust bekommen, mich näher mit Fragen kultureller Vielfalt zu beschäftigen	1,63	1,30	1,78	1,18	**1,47**
Einschätzung insgesamt	**1,58**	**1,33**	**1,81**	**1,20**	**1,48**
Basis:					
Anzahl ausgewertete Seminare	16	4	5	4	29
Ausgewertete Fragebögen = Teilnehmer/innen	220	57	70	61	408

Erläuterung: Durchschnittswerte aus den gesamten Seminarreihen;
Trifft voll zu=1, trifft eher zu=2, trifft eher nicht zu=3, trifft überhaupt nicht zu=4

Abb. 17: Akzeptanz und Relevanz im Workshopvergleich

Mit zwei vorgegebenen Aussagen wurde versucht, in Erfahrung zu bringen, in wieweit die in den Workshops behandelten Themen auch das längerfristige Interesse der Teilnehmer/innen geweckt haben und wie die Bedeutung für die eigene berufliche Arbeit eingeschätzt wird. Sehr erfreulich ist die insgesamt zwischen sehr gut und gut liegende Bewertung mit 1,48 (vgl. Abbildung 17). Damit haben die Workshops offensichtlich einen Grundstein für ein auch langfristiges Neudenken gelegt. Wenn es gelungen ist, die Neugierde und Lust der meisten Teilnehmer/innen zu wecken, dann stehen die Chancen gut, dass sie sich weiterhin selbstständig mit diesen Themen auseinandersetzen werden.

Einschätzung persönlicher Lernerfolge

Anhand einer Vielzahl von Items wurden einzelne Lernerfolge erfragt. Insgesamt lieferte die Selbsteinschätzung der Teilnehmer/innen ein äußerst positives Bild. Die durchschnittliche Einschätzung lag über alle in die Untersuchung eingegangenen Workshops bei 1,59 auf einer vierstufigen Bewertungsskala (von 1 = trifft voll / sehr gut zu bis 4 = trifft überhaupt nicht zu / nicht befriedigend) und veränderte sich kaum im Laufe des Durchführungszeitraums. Die Workshops „Interkulturelle Kompetenz für Lehrende" ragen auch hier etwas heraus (Durchschnittswert: 1,45), den Workshops zum Umgang mit Diversität als Führungsaufgabe wird im Vergleich der geringste Lernerfolg zugesprochen (Durchschnittswert: 1,82). Die Workshops „Zusammenarbeit in multikulturellen Teams" (1,52) und „Interkulturelle Kompetenz in der Polizeiarbeit" (1,56) liegen im soliden, aber qualitativ hochwertigen Mittelfeld.

Einen Einblick in die Richtung von Lernprozessen geben auch die zu Beginn und am Ende jedes Workshops gestellten Vorher-Nachher-Vergleichsfragen.

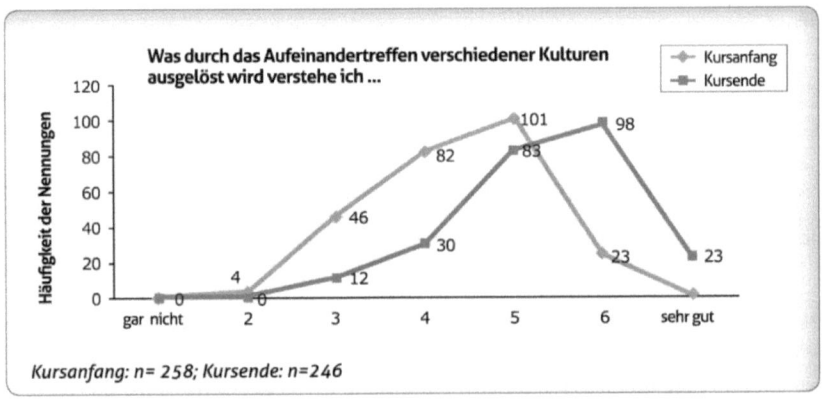

Abb. 18: Vorher-Nachher-Vergleich: Verständnis für interkulturelle Dynamik

Allgemein hatten die Teilnehmer/innen nach dem Abschluss einer Veranstaltung den Eindruck, dass sie mehr über die Dynamik des Aufeinandertreffens verschiedener Kulturen erfahren hatten und besser verstanden, was dabei ausgelöst wird (vgl. Abbildung 18). Deutlich wird das in der Grafik durch die Rechtsverlagerung der Kurve vom Kursanfang zum Kurs-Ende.

Die zweite Frage zielte auf eine Einschätzung der kulturellen „Prägung" des eigenen Verhaltens und verlangte von den Teilnehmenden ein gewisses Maß an Selbstreflexion. Zustimmende Bewertungen lassen sich als Indiz für die Offenheit betrachten, mit der man kulturell Anderen gegenübertreten kann. Die Bedeutung der kulturellen Bedingtheit des eigenen Beurteilens und Handeln zu erkennen, war ein zentrales Ziel aller Workshops. Die Erhebungen ließen erkennen, dass am Veranstaltungsende mehr Teilnehmer/innen über „kulturelle Selbst-Bewusstheit" verfügten, als dies zu Veranstaltungsbeginn der Fall war (vgl. Abbildung 19).

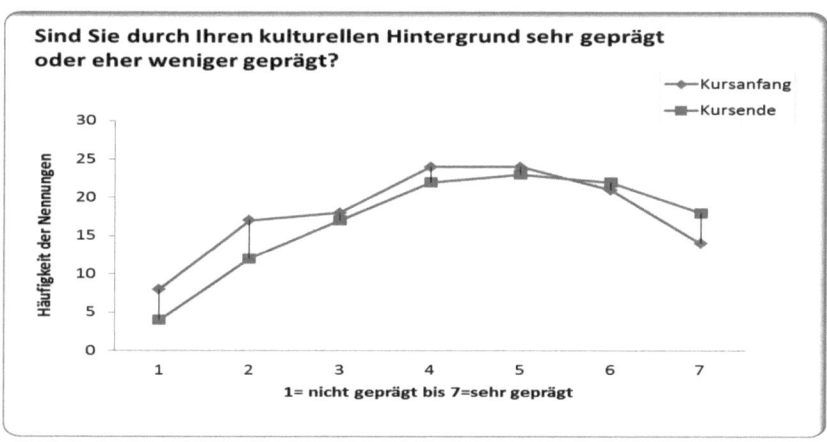

Abb. 19: Einschätzung der eigenen kulturellen Prägung

8.2.1 Workshop „Interkulturelle Kompetenz in der Polizeiarbeit"

Der Workshop „Interkulturelle Kompetenz in der Polizeiarbeit" wurde im Projektverlauf am häufigsten umgesetzt (insgesamt 16 Mal). Es handelt sich um einen bereits bestehenden und seit einiger Zeit in polizeilichen Fortbildungen eingesetzten Workshop. Im Rahmen des Projekts wurde der Workshop weiterentwickelt und das im Rahmen des Projekts entwickelte Modul „Reaktionsmuster gegenüber Fremdheit" in den Workshop-Ablauf integriert. Eigentlich für Mitarbeiter/innen des Wach- und Wechseldienstes konzipiert, nahmen daran regelmäßig auch Beamtinnen und Beamte mit Führungs- oder Fortbildungsaufgaben teil.

Im zeitlichen Ablauf der Seminare ist erkennbar, dass – zwar teilweise mit deutlichen Schwankungen – die Bewertungen des eigenen Lernerfolgs sukzessive besser geworden sind. Schätzten die Teilnehmer/innen des ersten im Rahmen des Projekts durchgeführten Workshops ihre Erkenntnisfortschritte noch eher vorsichtig (Durchschnittsbewertung: 1,79) ein, so fühlten sich die Absolventen der letzten Staffel (Durchschnittsbewertung: 1,48) besser weitergebildet. Dieser Trend spricht dafür, dass die Einstellung auf die Lernwünsche der Teilnehmer/innen immer besser gelang.

Grundsätzlich wurde der Lernerfolg des Workshops sehr hoch bewertet. Die allgemeinen Fragen „Ich bin mir über den Einfluss von Kultur auf Verhalten bewusst geworden" und „Ich habe wichtige Grundlagen interkultureller Kompetenz und kultureller Diversität kennen gelernt" und wurden im Durchschnitt mit 1,28 bzw. 1,50 bewertet (vgl. auch Abbildung 20). Bei sämtlichen im Workshop behandelten Themen wurde ein sehr hoher Lernerfolg attestiert (Durchschnittswerte zwischen 1,33 und 1,80). Dies heißt, dass die Integration der durch das Projekt eingeführten neuen Themen in dieses bereits bestehende Workshopkonzept gut gelang. Es ist jedoch festzustellen, dass die neuen Themen wohl noch nicht im gleichen Maße „Aha-Erlebnisse" erzeugen wie einige altbewährte. Die Bewertung des Themas „Reaktionsmuster gegenüber Fremdheit" liegt mit 1,75 unter dem Durchschnitt von 1,56 und ebenso die Bewertung des gezielt die Diversität im polizeilichen Binnenraum behandelnden Themas „Kulturelle Diversität in der Polizei – Erfahrungen aus den Niederlanden" mit 1,67.

Ob diese etwas schlechteren Bewertungen in handwerklichen Defiziten bei der Konzeption und Durchführung ihre Ursache haben oder ob hier eine gewisse Widerständigkeit der Teilnehmerinnen und Teilnehmer gegenüber neuen oder möglicherweise als bedrohlich oder irrelevant empfundenen Themen eine Rolle spielt, lässt sich auf Grundlage der Daten nicht beurteilen.

Bewertung der Lerninhalte	
Einschätzung meines persönlichen Lernerfolgs:	
Geschichte der Migration „Ich bin mir der Ursachen und Folgen von Migration bewusst."	1,61
Aufwachsen in zwei Kulturen „Ich habe einen Einblick in die Lebenssituation von Menschen gewonnen, die in zwei Kulturen leben."	1,53
Kultur, kulturelle Prägung & Kulturbegegnung (Kartenspiel BARNGA) „Ich kenne die Wirkung kultureller Prägung auf interkulturelle Begegnungen."	1,53
Kulturzentrismus (Weltkarten-Übung) „Ich habe gelernt, dass Urteile und Bewertungen unter anderem von der (kulturellen) Perspektive abhängen."	1,33
Kritische Interaktionssituationen im Polizeialltag (Sammlung und Analyse von Fallbeispielen) „Ich kann Situationen aus dem Polizeialltag im Hinblick auf mögliche kulturelle Einflüsse analysieren."	1,80
Ablehnungsmuster gegenüber Zuwanderern/Zuwanderinnen „Ich habe gelernt, dass es unterschiedliche Formen der Ablehnung gegenüber Fremden gibt und kann sie besser unterscheiden."	1,75
Miteinander der Kulturen – Polizei im Dialog „Ich kenne die Anforderungen, die an die Polizei im Umgang mit verschiedenen Migrantenkulturen gestellt werden."	1,64
Kulturelle Diversität in der Polizei – Erfahrungen aus den Niederlanden „Durch die Darstellung von Erfahrungen aus den Niederlanden kenne ich die Chancen und Risiken kultureller Vielfalt innerhalb der Polizei."	1,67
Allgemein „Ich habe wichtige Grundlagen interkultureller Kompetenz und kultureller Diversität kennen gelernt."	1,50
„Ich bin mir über den Einfluss von Kultur auf Verhalten bewusst geworden."	1,28
Durchschnittlicher Lernerfolg	**1,56**

Basis:	
Anzahl ausgewerteter Seminare	16
Ausgewertete Fragebögen = Teilnehmer/innen	220

Erläuterung: Durchschnittswerte aus der gesamten Seminarreihe;
Trifft voll zu=1, trifft eher zu=2, trifft eher nicht zu=3, trifft überhaupt nicht zu=4

Abb. 20: Lernerfolge: „Interkulturelle Kompetenz in der Polizeiarbeit"

8.2.2 Workshop „Zusammenarbeit in multikulturellen Teams"

Der erste Workshop „Zusammenarbeit in multikulturellen Teams" wurde als Pilotveranstaltung nur mit Teilnehmern und Teilnehmerinnen mit Migrationshintergrund durchgeführt. Bei allen weiteren Veranstaltungen waren die Gruppen gemischt, wobei sich eine ausgewogene Verteilung sowohl von Personen mit und ohne Migrationsgeschichte als auch von Männern und Frauen ergab. Viele Teilnehmer/innen hatten Funktionen in der Fortbildung inne oder waren Multiplikatorinnen und Multiplikatoren in der Organisation Polizei.

Bewertung der Lerninhalte	
Einschätzung meines persönlichen Lernerfolgs:	
allgemein	
„Ich habe wichtige Grundlagen interkultureller Kompetenz und kultureller Diversität kennen gelernt."	1,52
„Ich bin mir über den Einfluss von Kultur auf Verhalten bewusst geworden."	1,37
Spezifisch	
„Ich erkenne die unterschiedlichen Zuschreibungen und Erwartungen an Beamte je nach kulturellem Hintergrund."	1,76
„Mir ist jetzt besser bekannt, an welchen Stellen im Polizeialltag interkulturelle Konflikte entstehen und wie man darauf reagieren kann."	1,63
„Ich kann sowohl Risiken als auch Potenziale interkulturell zusammengesetzter Teams (in der Polizei) erkennen."	1,35
Durchschnittlicher Lernerfolg	**1,52**
Basis:	
Anzahl ausgewerteter Seminare	4
Ausgewertete Fragebögen = Teilnehmer/innen	57

Erläuterung: Durchschnittswerte aus der gesamten Seminarreihe;
Trifft voll zu=1, trifft eher zu=2, trifft eher nicht zu=3, trifft überhaupt nicht zu=4

Abb. 21: Lernerfolge: „Zusammenarbeit in multikulturellen Teams"

Mit einer Durchschnittsbewertung von 1,52 wird bei diesem Workshop der Lernerfolg als sehr gut bewertet (vgl. Abbildung 21). Im Projektverlauf hat sich der wahrgenommene Lerneffekt auf diesem recht hohen Niveau sogar leicht verbessert. Die für das Workshopziel besonders relevante Frage nach dem Lerneffekt bezüglich der Risiken und Potenziale gemischter Teams wird (mit einer durchschnittlichen Bewertung von 1,35) sogar besonders positiv beantwortet. Lediglich bei der Frage nach den Zuschreibungen und Erwartungen an Beamte und Beamtinnen mit Migrationshintergrund scheint eine gewisse Unsicherheit vorzuherrschen. Dieser Teil wird (mit 1,76) immer noch sehr gut, aber im Vergleich eher zurückhaltend bewertet.

8.2.3 Workshop „Umgang mit Diversität als Führungsaufgabe"

Im Vergleich zu den anderen Workshops wurde der Lerneffekt des Workshop-Typs „Umgang mit Diversität als Führungsaufgabe" relativ zurückhaltend eingeschätzt (Durchschnittswert: 1,82; vgl. auch Abbildung 22).[11] Die verschiedenen, im Workshop behandelten Themen wurden dabei sehr unterschiedlich betrachtet. Während die Themen „Kultur und Diversität" und „Multikulturelle Polizeiteams" (mit 1,47 bzw. 1,54) ähnlich gut bewertet wurden wie Elemente anderer Workshops, wurde besonders den Workshopteilen, die sich mit Führungshandeln beschäftigen, ein geringerer Lernwert zugesprochen (Durchschnittswerte von 2,05 und 2,25).

Für diesen Befund liefert das Teilnehmerprofil eine mögliche Erklärung: Im Schnitt hatten nur 54% der Teilnehmer/innen an diesen Workshops tatsächlich eine Führungsfunktion inne. Die schlechte Bewertung von Führungsthemen mag darin ihre Ursache haben, dass dieses Themenfeld für gut die Hälfte der Teilnehmer/innen irrelevant war.

---

11 Bei den insgesamt fünf durchgeführten Workshops dieses Typs fällt eine Veranstaltung mit besonders kritischen Bewertungen auf (Durchschnittswert: 2,07). Es ließ sich ermitteln, dass bei dieser Veranstaltung den Teilnehmenden vorab Themen angekündigt worden waren, die in diesem Format nur am Rande behandelt wurden. Schließt man diese Veranstaltung aus der Berechnung des allgemeinen Durchschnittswertes aus, verbessert sich dieser auf 1,76.

Bewertung der Lerninhalte	
Einschätzung meines persönlichen Lernerfolgs:	
Kultur und Diversität „Ich bin mir bewusst, dass ich in meiner Wahrnehmung durch die Standards meiner Herkunftskultur geprägt bin."	1,47
Multikulturelle Teams in der Polizei „Ich kann sowohl Risiken als auch Potenziale interkulturell zusammengesetzter Teams (in der Polizei) erkennen."	1,54
Kulturelle Diversität und Führung „Ich weiß, in welchen Bereichen der Personalführung ich mich auf möglicherweise andere kulturelle Erwartungen einstellen muss."	2,05
Diversity Management in der Polizei „Ich kenne mögliche Widerstände und Einwände gegenüber Diversity Management bei der Polizei."	1,80
Ansatzpunkte für das eigene Führungshandeln „Ich habe jetzt Ideen, wie ich die interkulturelle Öffnung der Polizei in meinem Einflussbereich vorantreiben kann."	2,25
Allgemein „Ich habe jetzt eine Vorstellung, wo in meinem Verantwortungsbereich kulturelle Diversität eine Rolle spielen kann."	1,81
Allgemein „Ich weiß, welche Möglichkeiten und Herausforderungen kulturelle Diversität bietet."	1,79
Durchschnittlicher Lernerfolg	**1,82**
Basis:	
Anzahl ausgewerteter Seminare	4
Ausgewertete Fragebögen = Teilnehmer/innen	57

Erläuterung: Durchschnittswerte aus der gesamten Seminarreihe;
Trifft voll zu=1, trifft eher zu=2, trifft eher nicht zu=3, trifft überhaupt nicht zu=4

Abb. 22: Lernerfolge: „Umgang mit Diversität als Führungsaufgabe"

8.2.4 Workshop „Interkulturelle Kompetenz für Lehrende"

Der Workshop „Interkulturelle Kompetenz für Lehrende" hat für das Projekt eine besondere Bedeutung, da er stark in die Organisation hinein zu wirken versucht. Es richtet sich an Personen, die bei der Polizei in Fortbildungszusammenhängen oder in der Funktion eines Multiplikators eingesetzt werden, und fördert bei diesen das Verständnis komplizierterer Hintergrundfragen zum Thema interkulturelle Kompetenz und die Fähigkeit, interkulturelle Inhalte in Lehr- und Fortbildungsveranstaltungen zu vermitteln.

Die interkulturelle Fortbildung von Lehrenden im Polizeidienst wurde in Form eines modularen 2×2-tägigen Workshops durchgeführt. Es wurden zwei entsprechende Veranstaltungen durchgeführt.

Von den vier untersuchten Workshop-Typen erhielt dieser die besten Noten im Hinblick auf den Lernerfolg. Fast alle im Workshop behandelten Themen kamen bei den Teilnehmenden äußerst positiv an (vgl. Abbildung 23). Lediglich bei der Analyse polizeilicher Alltagssituationen (Durchschnittswert: 1,65) und bei den Vorstellungen über den praktischen Einsatz des Themas im eigenen beruflichen Umfeld (Durchschnittswert: 1,73) fallen die Bewertungen leicht ab. Hier handelt es sich aber weniger um eine Bewertung des unmittelbaren Lernerfolgs als um die Frage, in welcher beruflichen Situation sich die Teilnehmenden vorstellen können, als Multiplikatoren/Multiplikatorinnen dieser Erkenntnisse wirken zu können. Dagegen steht die Aussage der Befragten, dass Probleme der Vermittlung interkultureller Kompetenzen jetzt klarer erkannt werden. Das lässt vermuten, dass das Problembewusstsein der Teilnehmer/innen erfolgreich geschärft wurde, die Orte für die Vermittlung in der Praxis aber vielfach noch gesucht werden müssen.

	Bewertung der Lerninhalte	
	Einschätzung meines persönlichen Lernerfolgs:	
Modul 1	Kulturverständnis „Ich verstehe jetzt warum es notwendig ist, sich grundsätzlich mit dem Verständnis von Kultur auseinander zu setzen."	1,12
Modul 1	Kulturzentrismus „Ich verstehe, dass Handlungspräferenzen und Einstellungen auch durch kulturelle Perspektiven beeinflusst sind."	1,23
Modul 1	Kultur und soziale Wahrnehmung „Ich kann jetzt die Bedeutung des Faktors Kultur bei der Wahrnehmung von Personen besser einschätzen."	1,37
Modul 1	Kultur in der Interaktion „Ich verstehe die Funktionsweise und die positiven und negativen Auswirkungen von Stereotypen jetzt besser."	1,38
Modul 1	Interkulturelle Konflikte und Irritationen im Polizeialltag „Ich kann konkrete Situationen aus dem Polizeialltag im Hinblick auf mögliche kulturelle Einflüsse besser analysieren."	1,65
Modul 2	Erfassung von Kulturdifferenz(en) „Ich kann die unterschiedliche Leistungsfähigkeit von Kulturerfassungsmodellen (Dimensionen, Standards, Muster) besser einschätzen."	1,43
Modul 2	Reaktionsmuster auf Fremdheit „Ich kann Reaktionsmuster besser einschätzen und sehe auch Überschneidungen und situative Zuspitzungen deutlicher."	1,43
Modul 2	Interkulturell relevante Kompetenzbereiche „Mir ist die Idee Interkulturelle Kompetenz klar geworden und ich kann Bereiche angeben, die interkulturell relevant sind."	1,14
Modul 2	Vermittlung interkultureller Kompetenzen „Ich kann Probleme der Vermittlung auf verschiedenen Ebenen erkennen."	1,07
1 & 2	Allgemein / praktischer Nutzen „Ich habe jetzt schon eine erste Vorstellung, wo ich in meiner Arbeit als Multiplikator das Thema Interkulturalität einbringen kann."	1,73
	Durchschnittlicher Lernerfolg	**1,45**
	Basis:	
	Anzahl ausgewertete Seminare	4
	Ausgewertete Fragebögen = Teilnehmer/innen	61

Erläuterung: Durchschnittswerte aus der gesamten Seminarreihe;
Trifft voll zu=1, trifft eher zu=2, trifft eher nicht zu=3, trifft überhaupt nicht zu=4

Abb. 23: Lernerfolge: „Interkulturelle Kompetenz für Lehrende"

8.3 Bewertung der Nachhaltigkeit von Lernerfolgen

Die Nachbefragung nach etwa einem halben Jahr zielte darauf ab, Langzeitwirkungen der Veranstaltungen auf die interkulturelle berufliche Praxis der Teilnehmenden und weitere Wirkungen in das Organisationsumfeld zu erfassen. In Hinblick auf die Bewertung von Lernerfolgen haben Nachbefragungen den Vorteil, dass sie weniger den Verzerrungseffekten einer Feedbackbefragung unmittelbar nach dem Workshop ausgesetzt sind. Nach einem halben Jahr ist meist vergessen, wie gut die Unterbringung war, wie angenehm oder unangenehm andere Fortbildungsteilnehmer/innen erlebt wurden und welchen „Unterhaltungswert" die Veranstaltung hatte. Mit zeitlichem Abstand tritt dagegen deutlicher zutage, welche Inhalte und methodischen Zugänge sich für die Praxis tatsächlich als nützlich erwiesen haben.

57,4% der kontaktierten Personen beantworteten den eingesetzten Online-Fragebogen. Die meisten Respondenten konnten den Bogen in weniger als 10 Minuten beantworten. Wie viele Veranstaltungen der verschiedenen Workshop-Typen in die Nachbefragung eingingen, haben wir bereits in Abbildung 14 dargestellt. Abbildung 24 stellt die Verteilung der Rückläufe bezogen auf den Workshop-Typ dar.

Art des Seminars	Ergebnis	Anteil
Zusammenarbeit in multikulturellen Polizeiteams	28	23%
Umgang mit Diversität als Führungsaufgabe	19	15%
Interkulturelle Kompetenz in der Polizeiarbeit	47	38%
Interkulturelle Kompetenz für Lehrende	26	21%
unklare Zuordnung	4	3%
Gesamt: Anzahl (Anteil)	**124**	**100%**

Abb. 24: Rückläufe der Nachbefragung nach Workshoptyp

Relevanz der interkulturellen Workshop-Themen insgesamt

90% der Teilnehmer/innen gaben an, dass die Workshop-Themen für sie auch nach einem zeitlichen Abstand von einem halben Jahr von hoher Relevanz waren. Die Fortbildungen trafen auf ein anhaltendes Interesse und berührten dauerhaft bedeutsame berufliche Themen. Dieses Ergebnis harmoniert mit den Aussagen unmittelbar nach den Veranstaltungen.

Erkennen der Kulturabhängigkeit von Urteilen und Bewertungen im Berufsalltag

Die Fortbildungen zielten auf eine Sensibilisierung der Teilnehmer/innen für die Kulturabhängigkeit von Beurteilungen und Verhaltensweisen. Auch hier geben über 90% an, dass sie sich (mittlerweile) in der Lage fühlen, im Polizeialltag besser zu erkennen, wenn Urteile und Bewertungen von der kulturellen Perspektive abhängen. Eines der Kernanliegen der Workshops ist damit bei den meisten Teilnehmer/innen angekommen, wenngleich bei denen des Grundlagen-Workshops „Interkulturelle Kompetenz in der Polizeiarbeit" noch Möglichkeiten der Vertiefung und Verbesserung erkennbar sind (21% verneinten die vorgegebene Aussage).

Neue Sicht auf interkulturelle Phänomene im Polizeialltag

Über 80% der Teilnehmer/innen gaben an, dass sich ihre Sichtweise des Polizeialltags geschärft hat. Sie erkennen interkulturelle Phänomene (gleich welcher Art) heute besser als früher. Auf der eher skeptischeren (oder selbstkritischeren?) Seite sind hier die Teilnehmer/innen der Workshops „Umgang mit Diversität als Führungsaufgabe" und „Zusammenarbeit in multikulturellen Teams" zu finden. Immerhin jeweils 22% stellen bei sich eher keinen Erkenntnisfortschritt fest.

Stellenwert interkultureller Teams in der Polizei

Der Frage nach den Vor- und Nachteilen kulturell unterschiedlich zusammengesetzter Polizeiteams widmete sich im Besonderen der Workshop „Zusammenarbeit in multikulturellen Teams". 96% der Teilnehmer/innen an diesem Workshop-Typ haben den Eindruck, dass sie diese Frage mittlerweile gut beurteilen können. Sogar 86% aller Respondenten – gleich welches Seminar sie besucht haben – fühlten sich in der Lage, die Vorzüge, aber auch Herausforderungen, die heterogene Teams an die Polizei stellen, heute besser analysieren zu können als früher (davon sind sich knapp 34% in dieser Hinsicht sogar sehr sicher und antworteten mit „trifft voll zu").

Allerdings zeigten sich Teilnehmer/innen der Workshops „Umgang mit Diversität als Führungsaufgabe" diesbezüglich (noch) etwas skeptisch. Fast ein Viertel von ihnen kann weder die Vorzüge noch die Nachteile gemischter Teams besser erkennen. Angesichts einer in Zukunft „bunter" werdenden Polizei zeigt sich noch Entwicklungsbedarf hinsichtlich des interkulturellen Führungswissens.

Formen der Ablehnung gegenüber Fremden

Bis auf 11% sind alle Workshop-Teilnehmenden der Auffassung, dass sie die verschiedenen Motive und Formen der Ablehnung von Fremden jetzt kennen und diese auch besser als früher unterscheiden können. Mehr als ein Drittel (35%) sind sich diesbezüglich sehr sicher, 54% immerhin zum Teil. Die Fraktion der Unsicheren ist unter den Teilnehmerinnen und Teilnehmern des Workshops „Umgang mit Diversität als Führungsaufgabe" am größten (28%). Die größte Sicherheit herrscht dagegen auf Seiten der Teilnehmer/innen des Workshops „Interkulturelle Kompetenz für Lehrende": Hier meinen 96% die verschiedenen Ablehnungsformen gegen Fremde mittlerweile besser zu erkennen und nur 4% bezweifeln dies.

Wirkung auf die Qualität polizeilicher Arbeit insgesamt

Mehr als die Hälfte der Teilnehmer/innen (57%) gab an, dass sich ihre berufliche Arbeit durch den Besuch eines (oder mehrerer) Workshops spürbar verbessert hat. Für die Mehrheit (50%) sind die Verbesserungen deutlich erkennbar, von 7% wird diese Aussage sogar uneingeschränkt unterstützt („trifft voll zu"). Dies kann als ein Beleg dafür angesehen werden, dass die Praxisrelevanz der angebotenen Fortbildungen hoch war. Die Qualitätsanstrengungen des Projektteams gerade in Hinblick auf diesen Aspekt haben sich ganz offensichtlich gelohnt.

Der positive Einfluss der Projektteilnahme machte sich jedoch nicht bei allen Teilnehmergruppen in gleichem Umfang bemerkbar. Die Themen rund um multikulturelle Teams haben offensichtlich für die Mehrheit der Teilnehmer/innen (55%) nicht oder kaum zu einer unmittelbaren Verbesserung ihrer beruflichen Arbeit beigetragen. Über 60% der Teilnehmer/innen der für Führungskräfte konzipierten Veranstaltung konnten ebenfalls keine wesentlichen beruflichen Verbesserungen erkennen. Die Ursache dafür könnte darin liegen, dass in diesen Workshops Konstellationen der multikulturellen Zusammenarbeit in der beruflichen Praxis „vor Ort" thematisiert werden, die nicht von heute auf morgen verändert werden können. Eine Erklärung für einige der zurückhaltenden Rückmeldungen im Workshop „Führungskräfte" könnte sein, dass hier „normale" Polizeibeamtinnen und -beamte auf eine Frage antworten sollten, die sie als Führungsthema verorteten und daher für sich selbst als eher irrelevant betrachteten. Dem könnte in Zukunft einfach begegnet werden, indem verstärkt für die Teilnahme von tatsächlich mit Führungsaufgaben Betrauten geworben wird.

8.4 Organisationswirkungen

Neben der Einschätzung langfristiger Lernerfolge sollte die Nachbefragung auch Rückschlüsse darauf liefern, ob und in welcher Form die neuen Inhalte weitergegeben wurden, ob Kollegen/Kolleginnen davon unterrichtet wurden, ob Vorgesetzte sich berichten ließen oder Dienstbesprechungen als Forum des Informationsaustausches genutzt wurden.

Weiterempfehlungen durch Kolleginnen und Kollegen

Über 90% aller Befragten empfahlen ihren Kollegen/Kolleginnen die Teilnahme an dieser Seminarreihe. Am wenigsten Mund-zu-Mund-Propaganda wurde von den Teilnehmern und Teilnehmerinnen der Workshops zum Thema „Umgang mit Diversität als Führungsaufgabe" berichtet, von denen sich ein Viertel mit Empfehlungen zurückhält. 91% der Teilnehmer/innen der Workshops zum Thema „Interkulturelle Kompetenz in der Polizeiarbeit" wollten hingegen diese Fortbildung weiterempfehlen. Nur die Teilnehmer/innen der Workshops mit dem Thema „Interkulturelle Kompetenz für Lehrende" waren noch euphorischer: 96% warben im Kollegenkreis für eine Teilnahme. Ähnlich hoch war der Prozentsatz bei den Teilnehmenden der Workshops „Zusammenarbeit in multikulturellen Teams".

Reaktionen der Dienststellen

Die Mehrheit der Befragten (55%) hat den Eindruck, dass das Thema interkulturelle Kompetenz in ihren Dienststellen nicht als sehr wichtig eingestuft wird. Nur 45% sind der Auffassung, dass ihre berufliche Umgebung die Relevanz des Themas hoch einschätzt. Insgesamt drängt sich der Eindruck auf, dass viele Teilnehmer/innen diesen Fortbildungswunsch ohne explizite Unterstützung ihrer Vorgesetzten gewählt hatten. Ein/e Befragte/r berichtet gar von einem Verbot des Besuchs einer weiteren Veranstaltung zu diesem Themenkomplex. Den geringsten Rückhalt finden die Teilnehmer/innen der Workshops zum Thema „Zusammenarbeit in multikulturellen Teams": 80% schätzen hier ihre Umgebung als eher desinteressiert ein. Diese Befunde weisen darauf hin, dass insbesondere Diversitäts-Themen noch lange nicht im Mainstream des Bewusstseins der Organisation Polizei verankert sind.

Austausch mit der beruflichen Umgebung

85% derjenigen, die an der Nachbefragung teilgenommen haben, gaben an, dass sie sich mit ihren Kolleginnen und Kollegen über die Seminarinhalte ausgetauscht haben. Das spricht für ein hohes Interesse auf der kollegialen Ebene. Mit Vorgesetzten haben jedoch nur 57% über die Inhalte kommuniziert, auf Dienstbesprechungen konnten die Workshop-Themen von 27% der Befragten eingebracht werden. 17% konnten Inhalte im Rahmen einer lokalen Fortbildung weitergeben und 14% gaben an, Workshop Themen in ein Strategiepapier übernommen zu haben.

Insgesamt ist bei diesem Fragenkomplex auffällig, dass sich zwar die am Workshop Teilnehmenden über die behandelten interkulturellen Themen mit ihrer unmittelbaren Umgebung (Kollegen/Kolleginnen), nicht aber mit der Vorgesetztenebene austauschen; auch wird die organisatorisch für den Informationsaustausch prominent installierte Dienstbesprechung dafür vergleichsweise selten genutzt. Der Stellenwert, die Wertschätzung und die Verbreitung der Inhalte wird dadurch weniger gefördert, als vielleicht möglich und wünschenswert wäre. Die Reichweite der Durchdringung der Dienststellen vor Ort mit dem neuen Wissen scheint alles in allem eher bescheiden. Viel erworbenes Wissen verbleibt im Nahbereich der unmittelbaren Kollegen und Kolleginnen und zieht keine weiteren Kreise.

Interkulturelle Sachverhalte im Polizeialltag nach dem Seminarbesuch

Über zwei Drittel aller Workshop-Teilnehmer/innen berichten über für sie markante interkulturelle Ereignisse bzw. Erlebnisse, bei denen Fortbildungsinhalte zu einer Verbesserung ihrer beruflichen Arbeit beitrugen. Insgesamt stützen diese Belege die These, dass die Polizeiarbeit durch die interkulturelle Fortbildung verbessert werden kann.

Überdurchschnittlich häufig berichten Polizeibedienstete, die am Workshop „Interkulturelle Kompetenz in der Polizeiarbeit" teilgenommen haben, von einschlägigen Situationen und Begebenheiten. 80% der geschilderten Sachverhalte beziehen sich auf Themen im Umgang mit „Kundinnen und Kunden" in verschiedenen Situationen. Häufig geht es um Deeskalation, besseren Kontakt, mehr Respekt, ein zielgerichtetes Handeln und auch um ein besseres Verständnis der bei einem Einsatz vorgefundenen Situation. Polizei*interne* interkulturelle Irritationen spielen dagegen eine vergleichsweise untergeordnete Rolle.

Zusammenfassend bestätigt sich auch in den Evaluationsergebnissen der Befund, dass die organisationsinternen Reaktionen auf eine Befassung mit dem Thema Diversität noch eher verhalten ausfallen. Die Nutzung des neuen interkulturellen Wissens im beruflichen Wirken nach außen – im Kontakt mit dem „Polizeilichen Gegenüber" – scheint dagegen durchweg erfolgreich zu sein: Das belegen die Schilderungen eines positiv veränderten Alltags durch interkulturelle Fortbildung seitens der Kollegen und Kolleginnen aus der Nachbefragung.

9 Zur Verstetigung bzw. Nachhaltigkeit interkultureller Projekte

9.1 Konzeptionelle Vorüberlegungen

Während „Verstetigung" im Kontext von Projekten die Weiterführung von Angeboten bzw. die Installation modellhaft entwickelter Strukturen bedeutet, wird hier „Projektnachhaltigkeit" weiter gefasst und bezeichnet die Dauerhaftigkeit der in Projekten erzielten und angestrebten Effekte.

Die Konzepte „Nachhaltigkeit" und „Verstetigung" stehen in einem besonderen Spannungsverhältnis zum Fördermodell eines „Projekts", das auf begrenzte Zeit mit besonderer Ressourcenausstattung innovative Ergebnisse erzielen soll.

Bei interkulturellen bzw. diversitätsbezogenen Weiterbildungsprojekten sind darüber hinaus folgende Aspekte zu berücksichtigen:

a) Sie sind primär der Personalentwicklung zuzurechnen, wirken sich aber zugleich (ob intendiert oder nicht) auf die *Organisation insgesamt* aus.

b) In inhaltlicher Hinsicht geht es um sozial-kommunikative Themen, die qualitativ erfasst werden müssen.

c) Berufsfeldspezifische interkulturelle bzw. diversitätsbezogene Problemstellungen und Fragen können sich im Kontakt mit Außenstehenden (Kunden / Klienten / Kooperationspartnern) oder innerhalb der Organisation (in der Kommunikation zwischen Vorgesetzten und Mitarbeitern/Mitarbeiterinnen bzw. innerhalb von Arbeitsgruppen / Teams) ergeben. Die Diversitätsperspektive richtet den Fokus primär auf die Binnenproblematik und zielt – in Koppelung mit einem interkulturell operierenden Bildungsansatz – auf personale und organisationskulturelle Entwicklungsprozesse.

9.2 Dimensionen der Nachhaltigkeit in Weiterbildungsprojekten

Zur Erfassung personaler und organisationsbezogener Aspekte von Nachhaltigkeit ist es wichtig, nicht nur formelle (also strukturelle oder „offizielle"), sondern auch informelle Entwicklungsprozesse mit in den Blick zu nehmen.

I.	Mögliche strukturell-formale Ergebnisse

A. Personale Ebene

1) Weiterqualifizierung
2) Übernahme von spezifischen Aufgaben / Positionen
3) Mitarbeit in Arbeitsgemeinschaften / Netzwerken etc.

B. Organisationale Ebene

1) Verstetigung der Weiterbildungsangebote
2) Implementierung eines Organisationsentwicklungs-Prozesses

II.	Mögliche nichtformale Ergebnisse

C. Personale Ebene

1) Längerfristige Auseinandersetzung mit dem Diversitätsthema
2) Perspektivenwechsel / Veränderte Berufsroutinen

D. Organisationale Ebene

1) Veränderungen der Organisationskultur
2) Bildung informeller Strukturen

Abb. 25: Aspekte der Nachhaltigkeit

9.3 Zum Verhältnis von Verstetigung und Nachhaltigkeit

Durch die öffentliche Subventionierung sind sowohl Zuwendungsgeber als auch -empfänger gehalten, möglichst objektiv und gut greifbar den „Erfolg" von Projekten zu belegen. Das führt in der Regel dazu, dass man sich auf „objektiv" nachvollziehbare, das heißt auf quantitativ erfassbare Kriterien beschränkt. Damit gewinnen insbesondere Verstetigungsaspekte im Hinblick auf Dauerhaftigkeit, Stabilität von Strukturen und Ressourceneinsatz eine hohe Bedeutung.

Auch kann erfasst werden, ob Folge-Initiativen geplant werden, die auf dem Bestehenden aufbauen und es inhaltlich weiterführen sollen. Damit wäre *Anschlussfähigkeit* ein weiteres Kriterium.

Allerdings kann dabei sowohl die Frage nach der Qualität der weiteren Angebotsentwicklung als auch die nach den damit erzielten qualitativen Auswirkungen nicht beantwortet werden. Denn auch wenn entsprechende Strukturen und Ressourcen vorgehalten werden, um die entwickelten Module auf Dauer anbieten zu können, ist damit noch nichts über die Entwicklung der damit verbundenen Qualität ausgesagt. Unter ungünstigen Umständen sind sogar Konstellationen denkbar, in denen eine strukturell „saubere" Verstetigung mit kontraproduktiven Effekten hinsichtlich der mit dem Projekt angezielten qualitativen Entwicklungsprozesse einhergeht. Verstetigung als institutionelle Verankerung von Projektaktivitäten beschreibt also nur einen bestimmten Ausschnitt von Nachhaltigkeit.

9.4 Schlussfolgerungen

Auf der Basis der bisherigen Argumentation lassen sich folgende Schlüsse ziehen:

1. Verstetigung ist lediglich *eine* Variante einer institutionellen Absicherung von Entwicklungsprozessen. Art, Umfang und Ausrichtung müssen in ein umfassenderes Konzept von Nachhaltigkeit eingebunden sein, um kontraproduktive Effekte zu vermeiden. Bei interkulturellen bzw. diversitätsorientierten Weiterbildungskonzepten wäre z.b. zu fragen: Wie wird erfasst bzw. überprüft, wie sich das Diversitätsklima in der Organisation verändert? Welche personalen Kompetenzentwicklungen sind auszumachen? Welche Rolle spielen Weiterbildungsangebote (auch im Kontext weiterer Entwicklungsprozesse wie z.B. des selbstorganisierten Lernens in Netzwerken)?

2. Verstetigung ist kein Selbstzweck, sondern muss sich als funktional im Hinblick auf übergreifende Ziele erweisen. Dies muss durch Prozesse der Qualitätssicherung und -entwicklung überprüft werden. Dabei geht es aber nicht um ein rein formales Procedere, sondern um die regelmäßige Beantwortung konzeptioneller Fragen. Im Hinblick auf interkulturelle diversitätsorientierte Weiterbildungskonzepte sind folgende Fragen zu beantworten: Wie kann ein qualitätsorientiertes Weiterbildungsangebot dauerhaft aufrechterhalten wer-

den? Welche internen, aber ggf. auch externen Ressourcen sind dafür erforderlich? Welche Prozesse und Maßnahmen sind zur Weiterentwicklung der Qualität dieser Angebote erforderlich?

9.5 Maßnahmen zur Verstetigung

Im Sinne einer strukturellen Absicherung der Verstetigung wurden im oben ausführlich beschriebenen Projekt folgende Maßnahmen und Strategien gewählt:

Während des Projektes:
Kooperativer Ansatz: Einbezug der Polizei-Trainer/innen bei der Entwicklung und Durchführung
Erweiterung der personellen Kapazitäten des LAFP NRW
Einrichtung einer begleitenden Organisationsentwicklungs-Gruppe zur Klärung strategischer Fragen
Produktion von Fortbildungsmaterialien
Begleitende Evaluation zur Projektsteuerung

Gegen Projektende:
Summative Evaluation: Gesamtbewertung des Projektes
Konfektionierung einer feldbezogenen Fortbildungskonzeption
Diskussion möglicher Verstetigungsszenarien und weitergehender struktureller und inhaltlicher Perspektiven mit den Entscheidungsträgern in der Organisation

9.6 Nachhaltigkeitseffekte des XENOS-Projektes

Für eine Bewertung der Nachhaltigkeitsdimension müssen auch mögliche systemimmanente, aber aus Projektsicht externe Hemmnisse der Nachhaltigkeitsentwicklung mit einbezogen werden:

1. Die politische Rahmung des Diversitätsthemas durch die erst vor kurzem gewählte Landesregierung ist nicht ganz klar.

2. Das Thema ist in einigen Polizeibehörden des Landes noch randständig und auch mit gewissen Vorbehalten belastet.

3. Die historische gewachsene polizeiliche Fortbildungskultur und die struktu-rellen Rahmenbedingungen sind mit innovativen „experimentellen" Ange-boten zum Thema Diversität zunächst kaum kompatibel.

4. Die personellen Kapazitäten des Kooperationspartners verändern sich durch ein Projekt nicht grundlegend (z.B. ministerielle Vorgaben zu Einstiegsqua-lifikationen; Problem vorgegebener Zeitkontingente; Schwierigkeiten der Expertisebildung).

Trotz dieser möglicherweise hemmenden Faktoren ist die Nachhaltigkeit des Projektes „Interkulturelle Qualifizierung und Förderung kultureller Diversität" positiv zu beurteilen. Im Einzelnen lassen sich folgende Effekte benennen:

Personale Ebene

Die Evaluationsergebnisse zeigen, dass die Beteiligten zahlreiche Impulse für das weitere Bearbeiten der Diversitäts-Fragestellung aus dem Projekt mitneh-men konnten. Das gilt für die Teilnehmenden der Workshops, aber auch für die Mitarbeiter/innen des LAFP NRW.

Organisationale Ebene

Folgende *nichtformale Effekte* waren zu beobachten: Das Thema wird in der Organisation Polizei zunehmend stärker diskutiert. Allerdings sind es bisher nur ausgewählte Akteure auf unterschiedlichen Ebenen und in unterschiedlichen Kontexten, die sich daran beteiligen. Bemerkenswert ist auch die Bereitschaft der Organisation, sich an einem weiteren anschlussfähigen Projekt zu beteiligen, das sich mit dem politisch heiklen Thema der Personalauswahl unter interkultu-rellen bzw. Diversitätsgesichtspunkten befasst.

Folgende *formal-strukturelle Entwicklungen* verdienen es, unter dem Aspekt Nachhaltigkeit festgehalten zu werden:

- Im Laufe des Projektes wurde eine weitere Stelle in der Interkulturellen Fortbildung eingerichtet.

- Die Integration des neuen Fortbildungskonzeptes in die bisherige Ange-botspalette des LAFP NRW wurde akzeptiert und wird weitergeführt (siehe Fortbildungsangebote 2012/2013).

- Eine originalgetreue Weiterführung aller neu entwickelten Module ist allerdings nicht zwingend zu erwarten. Aus externer Sicht müsste das Fortbildungsdezernat am LAFP NRW hierfür personell um eine interkulturelle Trainerstelle aufgestockt werden.

- Das Anschlussprojekt der Kooperationspartner im Rahmen der zweiten Förderrunde XENOS (2012-2014), das sich folgerichtig den Themen „Interkulturelle Kompetenz" und „Kulturfairness" im Personalauswahlverfahren der Polizei NRW zuwendet, ist im Frühsommer 2012 gestartet (siehe dazu auch die Darstellung erster Ergebnisse in Leenen, Stumpf & Scheitza 2014).

10 Literatur

ADLER, N. (2002): International dimensions of organizational behavior. 4. Aufl. Cincinnati: South Western College Pub.

ALLGEMEINES GLEICHBEHANDLUNGSGESETZ (AGG) vom 14. August 2006 (BGBl. I S. 1897), zuletzt geändert durch Artikel 8 des Gesetzes vom 3. April 2013 (BGBl. I S. 610).

ARMBRÜSTER, TH., BANZHAF, J. & DINGEMANN, L. (2010): Unternehmensberatung im öffentlichen Sektor. Institutionenkonflikt, praktische Herausforderungen, Lösungen. Wiesbaden: Gabler.

BADAWIA, T. (2008): Mittendrin und/oder dazwischen? Identitätskonzepte von Migrantinnen und Migranten. In: THEUNERT, H. (Hg.): Interkulturell mit Medien. München: Kopaed, 25–37.

BECKER, M. (2006): Wissenschaftstheoretische Grundlagen des Diversity Management. In: BECKER, M. & SEIDEL, A. (Hg.): Diversity Management. Unternehmens- und Personalpolitik der Vielfalt. Stuttgart: Schaeffer-Poeschel, 5–50.

BEHR, R. (2010): Licht und Schatten: „Diversität" für die Polizei. In: HUNOLD, D., KLIMKE, D., BEHR, R. & LAUTMANN, R. (Hg.): Fremde als Ordnungshüter? Die Polizei in der Zuwanderungsgesellschaft Deutschland. Wiesbaden: VS-Verlag.

BEHR, R. (O.J.): Migranten in der Polizei – eine Untersuchung zur Integrationsleistung des staatlichen Gewaltmonopols. Hamburg: Hochschule der Polizei. http://hdp.hamburg.de/contentblob/2261152/data/, letzter Zugriff am 7.12.2012.

BLOM, H. (2004): Anders sein bei der Polizei in Deutschland. Zur Position von allochthonen Polizisten an ihrem Arbeitsplatz vor dem Hintergrund ihrer Rolle als Minderheit und der Tatsache, dass sie als ‚anders' wahrgenommen werden. Frankfurt: Verlag für Polizeiwissenschaft.

BLOM, H. & MEIER, H. (2002): Interkulturelles Management. Herne u.a.: NWB.

BOLTEN, J. (2004): Interkulturelle Personalentwicklung im Zeichen der Globalisierung: Paradigmenwandel oder Paradigmenkorrektur? In: Interculture-Online, 8, 2004.

BOOS-NÜNNING, U. (2007): Der öffentliche Dienst in der multiethnischen Stadt. In: BQN (Hg.), Migrantinnen und Migranten im öffentlichen Dienst – Schlusslicht oder Vorbild? Dokumentation einer Fachtagung. Essen.

BOVENKERK, F., VAN SAN, M. & DE VRIES, S. (1999): Politiewerk in een multiculturele samenleving. Beek-Ubbergen: Tandem Felix.

COOPER, C. & INGRAM, S. (2004): Retention of police officers: A study of resignations and transfers in ten forces. London: Home Office Research, Development and Statistics Directorate. RDS Occasional Papers 86.

COX, T.H. (1993): Cultural diversity in organizations: Theory, research and practice. San Francisco: Berrett-Koehler.

COX, T.H. & BEALE, R. L. (1997): Developing Competency to Manage Diversity: Readings, cases & activities. San Francisco: Berrett-Koehler.

COX, T.H. & BLAKE, ST. (1991): Managing cultural diversity: Implications for organizational competitiveness. In: Academy of Management Executive, Jg. 5, Heft 3, 45–56.

DAVIS, G. (2002): Development of intercultural competence programs: Politically à la mode or long-term strategy. In: LEENEN, W.R. (Hg.): Enhancing intercultural competence in police organisations. Münster u.a.: Waxmann, 43–64.

ENGELS, D., KÖLLER, R., KOOPMANS, R. & HÖHNE, J. (2011): Zweiter Integrationsindikatorenbericht. Erstellt für die Beauftragte der Bundesregierung für Migration, Flüchtlinge und Integration. Köln/Berlin.

FAULSTICH, P. (2005): Innovationsbarrieren und Lernwiderstände – zum Verhältnis von Innovation, Partizipation und Kompetenz. http://www.epb.uni-hamburg. de/files/u58/InnPartKomp.pdf, letzter Zugriff am 20.02.2014.

FITTING, K., ENGELS, G., SCHMIDT, I., TREBINGER, Y. & LINSENMAIER, G. (2010): Betriebsverfassungsgesetz. 25., neu bearbeitete Auflage. München: Vahlen.

FOSTER, C. (1996): A Place Called Heaven: The Meaning of Being Black in Canada. Toronto: Harper Collins.

HALL, E.T. (1983): The Dance of Life: The Other Dimension of Time. Garden City, NY: Anchor Press/Doubleday.

HANNERZ, U. (1996): Transnational connections. Culture, people, places. London u.a.: Routledge.

HOFSTEDE, G. (2011): Lokales Denken, globales Handeln. Interkulturelle Zusammenarbeit und globales Management. 5. Auflage. München: C.H. Beck.

HÖNEKOPP, E. (2007): Situation und Perspektiven von Migranten auf dem Arbeitsmarkt in Deutschland – Ein Problemaufriss in 14 Befunden. Berlin: Friedrich-Ebert-Stiftung. http://www.fes.de/wiso/pdf/integration/2007/06_hoenekopp_230407.pdf, letzter Zugriff am 10.06.2014.

HUNOLD, D. (2008): Migranten in der Polizei. Zwischen politischer Programmatik und Organisationswirklichkeit. Frankfurt: Verlag für Polizeiwissenschaft.

KELLEY, C. & MEYERS, J. (1995): Cross-Cultural Adaptability Inventory. Minneapolis: National Computer Systems.

KIESER, A. (1996): Moden und Mythen des Organisierens. In: Die Betriebswirtschaft, 1, 21–40.

KUNZ, L. & BREIT, H. (2002): Framework conditions of an intercultural development of personnel and organization of police forces in selected industrial nations. In: LEENEN, W.R. (Hg.): Enhancing intercultural competence in police organizations. Münster u.a.: Waxmann, 165–184.

LEENEN, W.R. (Hg.) (2002): Enhancing intercultural competence in police organisations. Münster u.a.: Waxmann.

LEENEN, W.R., GROSCH, H. & GROSS, A. (2005): Bausteine zur interkulturellen Qualifizierung der Polizei. Münster u.a.: Waxmann.

LEENEN, W.R., GROSS, A. & GROSCII, H. (2002): Interkulturelle Kompetenz in der Polizei: Qualifizierungsstrategien. In: Gruppendynamik und Organisationsberatung, Jg. 33, Heft 1, 97–120.

LEENEN, W.R. & GROSS, A. (2007): Praxisforschung als interaktiver Prozess: Vermittlung interkultureller Kompetenz für die Polizei. In: GUNSENHEIMER, A. (Hg.): Grenzen. Differenzen. Übergänge: Spannungsfelder inter- und transkultureller Kommunikation. Reihe Kultur und soziale Praxis. Bielefeld: transcript, 183–200.

LEENEN, W.R., SCHEITZA, A. & WIEDEMEYER, M. (2006): Diversität nutzen! Münster u.a.: Waxmann.

LEENEN, W.R., STUMPF, S. & SCHEITZA, A. (2014): „Interkulturelle Kompetenz" in der Personalauswahl – Konzeptionalisierung und Integration in bestehende Auswahlsysteme. In: BARIÉ-WIMMER, F., HELMOLT, K. VON & ZIMMERMANN, B. (Hg.): Interkulturelle Arbeitskontexte. Beiträge zur empirischen Forschung. Stuttgart: ibidem, 227-257.

MINISTERIUM FÜR ARBEIT, INTEGRATION UND SOZIALES DES LANDES NORDRHEIN-WESTFALEN (2013): Landesinitiative Nordrhein-Westfalen. Mehr Migrantinnen und Migranten in den Öffentlichen Dienst – Interkulturelle Öffnung der Landesverwaltung. Zweiter Umsetzungsbericht für den Zeitraum 31. Mai 2012 bis 30. Mai 2013. Düsseldorf.

OAKLEY, R. (2001): Police training and recruitment in multi-ethnic Britain. Canberra: Australian Institute of Criminology. http://www.aic.gov.au/media_library/conferences/policing/oakley2.pdf, letzter Zugriff am 10.06.2014.

OECHSLER, W.A. (2008): Anwendung von betriebswirtschaftlichen Verfahren in der öffentlichen Verwaltung – Gefahren, Risiken und Nebenwirkungen am Beispiel der neuen Steuerungsinstrumente Baden-Württemberg. In: FISCH, R., MÜLLER, A. & BECK, D. (Hg.): Veränderungen in Organisationen. Stand und Perspektiven. Wiesbaden: VS-Verlag, 53–63.

PODSIADLOWSKI, A. (2002): Multikulturelle Arbeitsgruppen in Unternehmen. Bedingungen für erfolgreiche Zusammenarbeit am Beispiel deutscher Unternehmen in Südostasien. Münchener Beiträge zur Interkulturellen Kommunikation. Münster u.a.: Waxmann.

PRUEGER, V.J. (2006): Recruiting and retention of police personnel. Ottawa: Lead.

RAT DER EUROPÄISCHEN UNION (2000): Richtlinie 2000/43/EG vom 29.6.2000 zur Anwendung des Gleichbehandlungsgrundsatzes ohne Unterschied der Rasse oder ethnischen Herkunft. Luxemburg: Amtsblatt der Europäischen Gemeinschaften.http://eurlex.europa.eu/legalcontent/DE/TXT/PDF/?uri=CELEX:3200 0L0043, letzter Zugriff am 12.6.2014.

SCHRIDDE, H. (2005): Verwaltungskultur, Change Management und lernende Organisation. In: BLANKE, B., VON BANDEMER, S., NULLMEIER, F. & WEWER, G. (Hg.): Handbuch zur Verwaltungsreform. 3., völlig überarb. und erw. Auflage. Wiesbaden: VS-Verlag, 216–225.

SCHRÖER, H.(2007): Interkulturelle Öffnung und Diversity Management. Konzepte und Handlungsstrategien zur Arbeitsmarktintegration von Migrantinnen und Migranten. Düsseldorf: Zentralstelle für die Weiterbildung im Handwerk e.V. (ZWH).http://www.i-iqm.de/dokus/Expertise.pdf, letzter Zugriff am 7.12.2012.

SCHULTE, W. (2008): Nordrhein-Westfalen. In: GROSS, H., FREVEL, B. & DAMS, C. (Hg.): Handbuch der Polizeien Deutschlands. Wiesbaden: VS-Verlag, 289–316.

SCHWARZ-WÖLZL, M. & MAAD, C. (2004): Diversity und Managing Diversity. Teil 1: Theoretische Grundlagen. Wien: Zentrum für Soziale Innovation. https://www.zsi.at/attach/1Diversity_teil1_Theorie.pdf, letzter Zugriff am 7.12.2012.

SIGEL, J. (2009): Berufliche Identität von Polizisten mit Migrationshintergrund. In: LIEBL, K. (HG.): Polizei und Fremde – Fremde in der Polizei. Wiesbaden: VS-Verlag, 105–151.

STENNING, P.C. (2003): Policing the cultural kaleidoscope: Recent Canadian experience. In: Police and Society, 7, 13–47.

STUBER, M. (2004): Diversity. Das Potenzial von Vielfalt nutzen – den Erfolg durch Offenheit steigern. München: Luchterhand.

THOMAS, A. (2003): 1.1 Kultur und Kulturstandards. In: THOMAS, A., KINAST, E.-U. & SCHROLL-MACHL, S. (Hg.): Handbuch Interkulturelle Kommunikation und Kooperation. 2 Bände. Göttingen: Vandenhoeck & Ruprecht: 19–31.

THOMAS, R.R. (1996): Redefining diversity. New York: Amacom.

THOMAS, R.R. (2001): Management of diversity. Neue Personalstrategien für Unternehmen. Wiesbaden: Gabler.

WIENDIECK, G. (2008): Organisationen im Wandel: ein Rückblick. In: FISCH, R., MÜLLER, A. & BECK, D. (Hg.): Veränderungen in Organisationen. Stand und Perspektiven. Wiesbaden: VS-Verlag, 13–38.

WÜLLER, H. (2010): Presseschau: Die Haltung der polizeilichen Berufsvertretungen zur Diversität in den eigenen Reihen. In: HUNOLD, D., KLIMKE, D., BEHR, R. & LAUTMANN, R. (Hg.): Fremde als Ordnungshüter. Die Polizei in der Zuwanderungsgesellschaft Deutschland. Wiesbaden: VS-Verlag, 157–176.

Anhang: Projektdaten

Projektleitung

Prof. Dr. W. R. Leenen

Fachhochschule Köln – University of Applied Sciences
Forschungsschwerpunkt „Interkulturelle Kompetenz durch Personal- und
Organisationsentwicklung"
Ubierring 48a, 50678 Köln
www.kopf.ik-bildung.fh-koeln.de/content/e2505/e2506/index_ger.html

Projektteam

K. Eu, A. Groß, H. Grosch, I. Klarenaar und A. Scheitza

Externe Evaluation

Dr. J. Bärsch, koelnInstitut iPEK GmbH i.L,

Kooperationspartner:

Landesamt für Ausbildung, Fortbildung und Personalangelegenheiten der
Polizei NRW (LAFP NRW), Abteilung 3: Führung, Management und Recht
Weseler Str. 264, 48151 Münster

LPD U.-U. Gebranzig, KRin A. Mersch-Schneider, KHK W. Stratmann,
PHK G. Kamp und POKin S. Coskuneren